Paula Köhler

# Malzkaffee und Zwetschenhonig

Erinnerungen einer Landfrau

BRUNNEN
VERLAG GIESSEN

ABCteam-Bücher erscheinen in folgenden Verlagen:
Aussaat Verlag Neukirchen-Vluyn
R. Brockhaus Verlag Wuppertal
Brunnen Verlag Gießen und Basel
Christliches Verlagshaus Stuttgart
(und Evangelischer Missionsverlag)
Oncken Verlag Wuppertal und Kassel

Herrn Emil Winter, Heuchelheim, herzlichen Dank
für seine tatkräftige Unterstützung bei der Bearbeitung
der Mundart-Passagen

3. Auflage 1995

Umschlag- und Innenbilder: Georg Eurich, Lauterbach
Umschlaggestaltung: Eva Joneleit
Herstellung: Ebner Ulm
ISBN 3-7655-1573-6

Meinen Kindern und Enkeln gewidmet und allen, die in der Hetze des Alltags vergessen haben, einmal zurückzublicken.
Ihnen allen möge dieses Büchlein zum Innehalten, zum Besinnen und vielleicht zum Nachdenken verhelfen.

Fast ein Jahr lang habe ich in meinen Erinnerungen gestöbert, bis dieses bunte Werk entstanden ist.
Es enthält allerhand – Fröhliches, Trauriges, auch manches, was nachdenklich stimmt.
Mein Leben ist es.

Vor acht Jahrzehnten erblickte ich das Licht der Welt in einem kleinen Dorf am Fuße des Vogelsberges. Von wenigen Familien abgesehen waren alle Leute im Ort Bauersleute, von denen manche nebenbei noch ein Handwerk betrieben. So auch mein Vater. Er hatte einen kleinen Steinbruch-Betrieb, in dem er sommers wie winters ein paar Leute beschäftigte. Für meine Mutter bedeutete das: Die schwere Bauernarbeit lastete voll und ganz auf ihren Schultern.

Bei uns zu Hause lebten noch die Großeltern. Der Großvater half bei der Arbeit, so gut er's eben konnte. Die Großmutter freilich konnte sich nur mühsam mit zwei Stöcken fortbewegen. Mit der Hilfe im Haushalt war es da nicht weit her.

Von meinen ganz frühen Kinderjahren weiß ich nicht viel zu erzählen. Gut erinnere ich mich nur an eines: Als ich vier Jahre alt war, bekam ich noch ein Brüderchen. Und das war eine große Freude für meine Eltern und auch für mich.

Dann gab es noch etwas in meiner Vorschulzeit, was mich in seinen Bann zog. Die Häuser und die Stallungen, aber auch die Dorfstraßen wurden damals mit Petroleumlampen beleuchtet. Eine solche Lampe stand auch direkt vor unserem Hof. Es war ein zwei bis zweieinhalb Meter hoher, dikker Holzpfahl mit einem viereckigen Glashäuschen obendrauf. In diesem Glashäuschen – geschützt vor Wind und Wetter – stand das Petroleumlicht.

Wurde es Abend, zog ein Mann mit einer Leiter durchs Dorf und zündete diese Lampen an. Gespannt saß ich dann auf der Lauer auf einem kleinen Schemelchen zu Omas Füßen, die am Fenster saß und achtgeben mußte, wenn der »Laternenmann« kam.

»Keand, alleweil kimmde (Kind, da kommt er gerade)«, sagte sie, wenn es soweit war – und ab ging's schnell zum »Laternenmann«. Ich mußte ja dabei sein, wenn er sein Handwerk verrichtete. Meist sagte er kein Wort. Hatte er aber gute Laune, dann sagte er zu mir: »No, kloa Oschil, beasde wirrer do? (Na, kleines Mädchen, bist du wieder da?)«, stellte seine Leiter an und kletterte hoch.

Oben öffnete er am Glashäuschen ein kleines Türchen und steckte mit einem Streichholz das Petroleumlicht an. Dabei gefiel es mir besonders gut, wenn der Wind mitunter zwei-, dreimal das Streichholz ausblies. Zu gern wäre ich mit dem Mann gegangen, von Laterne zu Laterne. Als er mal wieder mit mir gesprochen hatte, faßte ich Mut und bettelte darum, mit ihm gehen zu dürfen. Doch er wehrte ab: »Na, na, Keand! Met mir kannsde nit gih. Gih wirrer schi enenn bei doi Oma. (Nein, nein, Kind! Mit mir kannst du nicht mitgehen. Geh nur schön wieder zu deiner Oma.)«

Traurig sah ich ihm nach und schlich wieder langsam zur Haustür. Und da rief schon die Mutter aus dem Stall: »Kloa, neam emol e Ärwilche Holz met ean die Keche! (Kleine, nimm einen Arm voll Holz mit in die Küche!)« Von der Küche aus wurde nämlich der große Ofen geheizt, der in der Stube stand. So und ähnlich wurde ich schon als Fünfjährige zu kleinen Arbeiten herangezogen. Wenn die Mutter sagte: »Paula, gieh mol zou Philippe Marri un hoal mir emol oa Pond Salz! (Paula, geh mal zu Philipps Mari und hol mir ein Pfund Salz!)« – da beeilte ich mich sehr. Denn von der alten »Marri« bekam ich fast immer so ein ganz kleines Guzchen, das es zu Hause nicht gab.

*

Am 6. Dezember 1912 wurde ich sechs Jahre alt. Und das bedeutete: Zu Ostern 1913 wurde ich in die Schule aufgenommen. Für uns Kinder war an diesem ersten Schultag das wichtigste, daß jedes eine riesige Brezel bekam. Freudestrahlend schleppten wir sie nach Hause. Dann aber mußte ich täglich von 11 bis 12 Uhr auf der Schulbank sitzen. Doch so unruhig und lebhaft ich sonst auch war – hier gefiel es mir sehr gut. Und so trottete ich jeden Tag gerne in die Schule. Anderen machte die Schule keinen Spaß, sie kamen sehr ungern, und manche mußten sogar von der Mutter gebracht werden.

Meine Schulaufgaben mußte ich immer gleich nach dem Mittagessen erledigen. Ansonsten störte nur wenig den Tagesablauf. Unbekümmert spielte ich mit den Nachbarskindern im Sommer unter dem weit ausladenden Schattendach unseres großen arabischen Kirschbaumes, der auf unserem Hof stand. Holzscheite, mit Lappen umwickelt, waren unsere Puppen. Wir trugen sie genau so fürsorglich spazieren, wie es heute die Kinder mit ihren wertvollen Puppenkindern tun. Im Winter wie auch an Regentagen wurde der Spielplatz in die Stube verlegt. Zu meiner Schande muß ich gestehen, daß dabei oft die Großmutter geärgert wurde. Wollte sie uns gar nicht gewähren lassen, nahmen wir ihr die Stecken weg. Dann konnte sie uns gar nichts mehr tun.

»Ihr Eeser, muß m'r dann häi so geplogt soi! (Ihr Taugenichtse, muß man denn wirklich so geplagt sein!)«, schrie sie dann immer. Großvater saß im Lehnsessel am Ofen und brütete vor sich hin. Er wollte nichts als seine Ruhe haben. Bei Großmutter war das anders. An den Möbeln in der Stube konnten wir freilich nicht viel ruinieren. Davon gab es zu dieser Zeit noch nicht viel: einen großen Tisch mit einer langen Bank ohne Lehne, drei Stühle, eine Kommode, Mutters Nähmaschine, Omas Bett (Großvater schlief oben über der Küche) und eine »Banklade«.

Diese »Banklade« war ein sehr praktisches Möbelstück; eigentlich das angenehmste von der gesamten Zimmereinrichtung. Mit der breiten Sitzfläche und der Rückenlehne war sie äußerst bequem als Sitzgelegenheit. Außerdem sorgte sie für Ordnung, weil die aufklappbare Lade in ihrem

Innern viele Sachen jeglicher Art aufnahmen. Alle Möbel – von der Nähmaschine einmal abgesehen – hatten sicherlich schon vielen Generationen als Hausrat gedient. Heute sind solche Möbel wieder sehr gefragt und werden mitunter von Liebhabern für viel Geld gekauft. Damals aber galten sie uns nicht viel. Sie waren einfach da und wurden gebraucht.

Mein Vater betätigte sich wöchentlich einmal als Haarschneider. Er hatte seine feste Kundschaft. Während der Wartezeit saßen dann die »Kunden« gerne auf der schönen »Banklade« und besprachen gemütlich, was im Dorf passiert war. Keiner wäre je auf die Idee gekommen, zu drängeln oder zu hetzen.

1913 kam das elektrische Licht. Viele Leute im Dorf, besonders die alten Leute, wollten partout mit dieser Neueinführung nichts zu tun haben. Auch meine Großmutter war mehr als skeptisch. Sie meinte: »Loßt auch joa dodevo! Doas eaß e Risiko. (Laßt ja die Finger davon! Das ist sehr riskant!)«

Aber der Widerstand der Alten wurde nicht beachtet, und der Tag kam, wo man nur auf einen Knopf zu drücken brauchte, und der Raum erstrahlte in hellem Licht. Bei vielen Familien wurde die Stromleitung nur in die vorhandene Petroleumlampe verlegt. Man brauchte dann nichts als eine Glühbirne. Wer es sich leisten konnte, ließ sich schöne neue Lampen aufhängen. Ich war sehr stolz darauf, daß wir in die Wohnstube eine neue Lampe bekamen - einen großen weißen Porzellanschirm mit grünen Perlenfransen. Alle übrigen Glühbirnen im Haus waren nur mit einem tellerförmigen Glasdeckel überschirmt. Für mich bedeutete das elektrische Licht einen echten Gewinn; denn eine von mir nicht gerade geliebte Beschäftigung, die in der Herbst- und Winterzeit immer meine Arbeit gewesen war, gab es nun nicht mehr. Im Gegensatz zu Scheuer und Kuhstall, wo die Leuchten hoch an der Wand hingen, mußte nämlich in die Schweineställe die Leuchte getragen werden. Wie oft hatte ich da Schimpfe oder Schlimmeres bekommen, wenn ich das Licht nicht richtig gehalten hatte.

Unser Leben verlief ruhig, ohne besondere Ereignisse, bis 1914 der Erste Weltkrieg ausbrach. Ich weiß es noch genau: Es war ein warmer Nachmittag im August, als zwei Nachbarsleute auf den Hof kamen und meiner Mutter was erzählten. Ich merkte an ihren Gesichtern, daß da irgendwas Besonderes passiert sein mußte und schlich neugierig zur Mutter, wollte wissen: »Was ist denn los?«

»Ach Keand, es gebt Krieg! (Ach Kind, es gibt Krieg!)«

Mit meinen sieben Jahren fehlte mir damals jede Ahnung, was das Wort »Krieg« bedeutete. Sehr viel härter traf mich Großvaters Tod, der am Mobilmachungstag mit 75 Jahren plötzlich starb. Anscheinend hatte ihn dieses Wort »Krieg« so aufgeregt, daß er den nun feststehenden Kriegsausbruch nicht hatte verkraften können.

Ein Stellungsbefehl nach dem anderen flatterte ins Dorf. Unser junger Nachbar mußte gleich am ersten Tage fort. Als er meinen Eltern die Hände zum Abschied schüttelte, meinte er ganz zuversichtlich: »In vier Wochen bin ich wieder da.« Aber bald kam die furchtbare Nachricht: »Auf dem Felde der Ehre gefallen.« Der hoffnungsvolle Sohn meiner Tante war das zweite Opfer. So nahmen die Tage unter Zittern und Bangen aller Mütter, Frauen und Eltern ihren Verlauf. Der Winter kam, und noch immer tobte der Krieg.

Dann wurde es Frühling. Der Schafhirte sammelte wieder seine Herde, die den Winter über in den Ställen gewesen war, und zog in die freie Natur. Als es noch wärmer wurde, hörten wir auch das Horn des Schweinehirten. Die Schweine, überwiegend Zuchtsauen, wurden auf die Hauptstraße getrieben. Von hier aus zog der Hirt mit seiner Schweineherde und einem großen Hund, der die Tiere zusammenhielt, in den Wald. Schließlich lief auch der Gänsehirt mit seiner Holzklapper durchs Dorf. Ein Zeichen, daß die Gänse auf die Obergasse gebracht werden mußten. Von hier aus wurden sie den Aherweg entlang bis zum »Gänseweiher« getrieben. Gegen Abend kehrten alle Tiere, außer den Schafen, die draußen im Pferch blieben, wieder heim ins Dorf. Ich wunderte mich jedesmal darüber, wie die Tiere von selbst ihre Behausungen wiederfanden. Selten, daß mal das eine oder andere ratlos herumlief.

Das erste Kriegsjahr war vorüber. Es wurde Weihnachten 1915, und wir freuten uns sehr, daß unser Vater noch zu Hause war. Mutter sah ich oft und viel beten, wie ja überhaupt damals das Gebet noch an erster Stelle im Tagesablauf stand. Der Tag begann damit. Das Tischgebet wie das Dankgebet nach dem Essen waren selbstverständlich.

Beim 11-Uhr-Läuten betete Oma:

»Verleih uns Frieden gnädiglich ...«,

während es beim Nachtläuten hieß:

»Lieber Mensch, was soll es bedeuten,
dieses Abendglockenläuten?
Es bedeutet alsomal
deines Lebens Ziel und Zahl!
Dieser Tag hat abgenommen,
bald wird auch der Tod herkommen!
Lieber Mensch, so schicke dich,
daß du sterbest seliglich.«

Beim 9-Uhr-Läuten in den Wintermonaten von November bis zum letzten Tag im Februar gab es noch ein besonderes Fürbitte-Gebet; für alle, die unterwegs waren, damit sie vor den Gefahren auf eisigen, verschneiten Wegen beschützt würden. Am Abend eines jeden Tages gab es dann noch das Nachtgebet, das die Mutter mit uns sprach.

Auch der Schulunterricht begann und endete mit einem Gebet.

Zu Beginn der Mittagsschule wurde gebetet:

»Das walte Gott, der helfen kann,
mit Gott fang ich die Arbeit an,

mit Gott nur geht es glücklich fort,
drum sei auch dies mein erstes Wort,
das walte Gott.«

Das Schlußgebet lautete:
»Die Schule ist zu Ende,
wir falten unsre Hände,
wir danken Gott, der mit uns war,
ihm sollen wir vertrauen,
auf seine Gnade bauen,
er wird uns helfen immerdar.«

*

Inzwischen schrieb man das Kriegsjahr 1916. Und jetzt bekam auch der Vater den Stellungsbefehl. Unsere Mutter war nun mit uns Kindern und einer pflegebedürftigen Oma allein.

Allmählich begann ich zu ahnen, was Krieg bedeutet. Meine Kinderjahre bekamen ein ganz anderes Gesicht. Vielleicht wegen der schweren Bauernarbeit, dazu die Sorgen um Mann und Vater – auf jeden Fall wurde die Mutter im Spätherbst sehr krank. Als ich morgens vor der Schule die Nachbarin traf, nahm sie mich in den Arm und meinte seufzend: »Keand, Keand, etz blest de Weand ausem annern Loach. (Kind,Kind, jetzt bläst der Wind aus einem anderen Loch.)«

Jetzt ging es wirklich anders zu. Eine männliche Hilfe wurde beantragt und auch sofort gegeben. Es war ein Kriegsgefangener, der mit vielen anderen im Rathaus untergebracht war. Er kam morgens zur Arbeit und ging abends wieder zu seiner Schlafstelle. Er verstand sehr viel von der Landarbeit, und er erledigte alle Arbeit so, als ob es sein eigener Besitz wäre. Die Nachbarsfrauen halfen, wo sie nur konnten, und natürlich konnte auch ich nicht länger unbeschwert spielen, sondern mußte helfen – wenn auch bei leichteren Arbeiten. Zum Beispiel hatte man mir das Verpacken der Feldpostpäckchen aufgetragen, das viel Mühe machte. Nachdem man das bisher zulässige Pfundgewicht auf ein halbes reduziert hatte, mußten doppelt so viele Päckchen verschickt werden. Diese kleinen Dinger haben mir manche Mühe bereitet. Meine Gote machte mir aber immer wieder Mut, indem sie mir versprach: »Wann de fleißig beast un schie doi Ärwet mächst, krisde ach e schie Chreaßkinnche vo mir. (Wenn du fleißig bist und schön deine Arbeit machst, kriegst du auch ein schönes Weihnachtsgeschenk von mir.)«

Das spornte natürlich an, und die gute Frau hielt Wort. Zu Weihnachten bekam ich einen kleinen Puppenwagen mit einem schönen Püppchen drin. Meine Freude war unbeschreiblich. Allmählich wurde auch die Mutter wieder gesund und schaffte bald fleißig wie immer.

An einem warmen Nachmittag erlaubte sie mir, mit meinem neuen Puppenwagen in »Grusches« zu fahren. Dort wohnte auch eine Gote, die mich sehr gern hatte. Sie mußte doch auch mein neues Besitztum bestaunen.

Autos gab es damals noch sehr, sehr wenig, und so konnte ich mühelos die Straße passieren. Zu der Zeit konnte es dann auch noch passieren, daß ein kleiner Junge, der – als er das erste Auto auf der Obergasse erblickt hatte – zu seinem Vater mit den Worten rannte: »Baba, eäwe eaß e Schees ohne Gäul off der Owergasse gefoahrn. (Papa, eben ist eine Kutsche ohne Pferd auf der Obergasse gefahren.)«

Aber was erwartete mich im Hof der Gote? Der alte, böse Opa empfing mich mit giftigen Blicken. »Ihr braucht Bobbescheese! Eich wills uch weise! (Puppenwagen braucht ihr also! Euch werd' ichs zeigen!)« schrie er und riß die Tür vom Schweinestall auf. Drei Borstentiere stürzten heraus und direkt über meine Habseligkeiten. Wägelchen und Püppchen waren kaputt, und ich lag fürchterlich schreiend am Boden. Die Gote, die das Gebrüll im Haus gehört hatte, kam mir zwar zur Hilfe, aber leider zu spät! Mein Glück hatten die Sauen zerstört.

Ein anderes Erlebnis: Zwei Buben, Karl und Fritz, die oft auf Nachbars hoher Haustreppe saßen und was ausheckten, hatten mich zu sich gelockt und zu einer schlimmen Tat angestiftet. Ich sollte in Mutters Sack Geld suchen. Der Sack war eine Tasche, die damals in allen Frauenhalbröcken in der Seitennaht eingenäht war. Mutters Rock hing immer an derselben Stelle.

Ich – ganz stolz darauf, daß die Buben mit mir spielen wollten - stieg auf die Bank und suchte in dem Sack. Tatsächlich waren darin fünf Pfennige, die ich den Lausbuben brachte. Irgend jemand mußte das alles beobachtet haben, denn meine Mutter erfuhr sehr schnell davon. Ich mußte beichten und gestand ihr weinend meine Tat. Die Schläge, die ich damals bekam, habe ich bis heute nicht vergessen.

*

1917. Der Krieg tobte noch immer. Obwohl alles – Lebensmittel, Kleidung – rationiert war und man nur noch auf Marken und Bezugsscheine kaufen konnte, hatten wir keine Not. Allerdings waren wir auch nicht sonderlich anspruchsvoll, sondern mit allem zufrieden.

Unser Brot, das die Hauptnahrung war, hatten wir immer; wurde doch in jedem Monat einmal gebacken. Zu diesem Zweck wurde der große Backtrog vom Speicher geholt und in der Stube auf zwei Stühle gestellt. Nachdem er saubergemacht war, wurde ein Sack Mehl hineingeleert und die Mutter sagte: »Haud owend werd eangemierd! (Heute abend wird der Sauerteig fürs Brot gemacht.)«

Am Abend kam der Bäcker mit einer Schüssel voller Sauerteig, der in eine Mulde des Mehls kam. Am anderen

Morgen erschien der Bäcker zum Teigmachen. Das war nicht die Regel, aber damit nahm er meiner Mutter eine schwere Arbeit ab. Der nun fertige Teig kam in zwei große »Backmanen« (Mane = Korb), die mit groben weißen Leinentüchern ausgelegt waren, und wurde ins Backhaus getragen. Hier formte der Bäcker runde Brote, und schob sie dann in den großen, mit Reisig erhitzten Backofen. Meist gab es fünfundzwanzig Brote, die dann zu Hause im Kellerschrank aufbewahrt wurden. Bei jeder Backtour gab es auch einen »Flerrerkuchen«. Das war ein ganz flachgedrückter Laib Brot, der auf seine Oberfläche mit einem Messer ein paar schöne Zeichnungen eingeritzt bekam. Das war für uns eine Delikatesse, wenn er mit Butter beschmiert, ganz frisch gegessen werden durfte. Der »Reckeschmoadplatz« (Rahmkuchen aus Brotteig) schmeckte besser als heute die feinsten Torten. Die letzten Brote vom »Geback« (das waren alle fünfundzwanzig Brote) waren oft sehr trocken. Wenn wir Kinder dann maulten, sagte Mutter: »Macht auch Broacke en schidd auch Melch driwwer. (Zerbröckelt das Brot und schüttet Milch drüber.)« Zu diesen eingeweichten Brocken aßen wir dann Zwetschenhonig. Noch heute esse ich das für mein Leben gern. Vor dem Anschneiden eines jeden Brotes machten die Alten immer ein Kreuz darüber – zum Zeichen, daß sie es als Gabe Gottes ehrten. Unvorstellbar wäre gewesen, daß Brot – wie heute mitunter – im Abfall landet.

Großmutter aß Weißbrot, weil sie das normale Brot ohne Zähne nicht kauen konnte. Das Weißbrot mußte ich ihr immer frisch beim Bäckersonkel holen. Wieder einmal hatte ich das kleine Brot unter dem Arm. In der Straßenrinne lief die Jauche, die ja oft auf die Straße gepumpt wurde. Natürlich mußte ich mal darin patschen, und – bums! – das Brot lag auch drin.

Das Brot aufraffen und in den nächsten Hof zur Wasserpumpe rennen – das war eins. Mit der Schürze dann schnell wieder abgetrocknet und heim gings. Großmutter sah sehr schlecht, und so merkte sie auch nicht, wie ich das Brot ins

»Ewillchen« (das obere Fach vom großen Zimmerofen) zum Trocknen legte. Hier wurde es obendrein noch schön knusprig. Großmutter hat von meiner Schandtat nichts gemerkt – und das knusprige Endstück bekam ich noch obendrein. Es hat mir gut geschmeckt.

*

Das Jahr 1918 brachte endlich das Kriegsende. Das stolze Kaiserreich brach nach dem verlorenen Krieg zusammen. Die Erwachsenen litten unter dem schmählichen Ende. Wir Kinder bedauerten es auch. Bekamen wir doch jetzt nicht mehr die schulfreien Tage zum Geburtstag von Kaiser und Großherzog.

Die kleine Gemeinde von damals 975 Einwohnern betrauerte 32 Gefallene. Die Dorfbewohner ließen später auf dem Friedhof ein Denkmal mit einem Ehrenhain errichten, um die Opfer dieses furchtbaren Krieges zu ehren. Manche Familien waren doppelt betroffen, so auch die Schwester meines Vaters. Zwei Söhne und ein Schwiegersohn waren gefallen.

Im November kamen die Truppen zurück und machten noch hier und da bis zu ihrer Entlassung an der Sammelstelle Station. So hatte sich auch in unserer Straße ein regelrechter Park von allerlei Fahrzeugen gebildet. Die Feldküche stand auf unserem Hof. Was gab es da für neugierige Kinderaugen nicht alles zu bestaunen. Am interessantesten war die riesengroße Schöpfkelle, mit der das fertige Essen aus dem Kessel geholt wurde. Die Soldaten freilich konnten dieses Essen schon nicht mehr sehen. Sie wollten tauschen und an Mutters Tisch mitessen. Hier schmeckte es ihnen besser.

Ihren Pferden brachte ich oft Heu. Auch Stroh verschmähten die Pferde nicht. Sie waren ja vollkommen ausgehungert. Zwei davon verendeten und wurde mit dem großen »Schinnerkern (Schinderkarren)« in den Wald gefahren. In einer bestimmten Waldfläche wurden alle eingegangenen Tiere vergraben. Dieses althergebrachte, primitive Verfahren gab es nach dem Kriegsende nicht mehr. Als die Truppen bei uns wieder abgezogen waren, kehrte auch unser Vater heim. Wie stürzten wir ihm voller Glück geradezu in die Arme. Wie dankbar waren wir, ihn wiederzuhaben, und auch ihm leuchtete die Freude aus den Augen.

*

Mit dem Kriege gingen noch so manche anderen, liebgewordenen alten Gewohnheiten zu Ende. Der Backtrog kam nicht mehr in die Stube, auch der Nachtwächter blies nicht mehr. Niemals mehr würden wir das alte Nachtwächterlied hören, das uns an jedem Abend warnte:

»Menschenwachen kann nichts nützen,
Gott muß wachen, Gott muß schützen.
Herr, durch dein Huld und Macht,
gib uns eine gute Nacht.«

So manches war damals für uns noch ganz selbstverständlich, was heute unmöglich wäre. Neben einem Schweinestall waren zum Beispiel Gänse untergebracht. In der Nacht hatten die Schweine einmal dem neugierigen Gänserich den Schnabel, den er sicher durch einen Spalt gesteckt hatte, abgefressen. Das arme Tier lebte zwar noch, mußte aber notgedrungen geschlachtet werden. Die zehn jungen Gänse wurden nun einfach in die Küche verfrachtet, die wohl schmal, aber sehr lang war. Von der Länge wurde einfach ein Stück abgeteilt, und fertig war der Gänsestall. Sollten die Gänse raus, mußten sie sich ihren Weg durch die Küche bahnen. Welche Hausfrau wäre wohl heute mit einer solchen Lösung einverstanden? Aber damals gehörten die Tiere mehr oder weniger zur Familie.

Durch den neuen Gänsestall in der Küche war nun auch das Ende des alten Küchenherdes gekommen. Dieser Herd war ein festes, hohles Gemäuer auf dem Steinboden, 1½ m lang und ungefähr 60 cm breit. Obenauf waren drei runde Löcher, in die große gußeiserne Kochtöpfe mit einem breiten Rand eingehängt wurden. Dieses Monstrum war nun verschwunden. Der andere Küchenherd bestand aus zwei Kochstellen, deren Feuerung in einer Nische zwei Stufen hoch lag, womit zu gleicher Zeit auch der große Zimmerofen geheizt wurde. In seinem »Ewillchen« lagen zur Winterszeit jeden Tag runde große Wackersteine, die dann – in Tücher gewickelt – in die Betten getragen wurden. Die Steine hielten sehr lange ihre Wärme. Wenn dann die Mutter abends mit uns Kindern zum Schlafen ging, nahm sie die Steine aus dem Bett; nur einer blieb für die Füße drin. Die übrigen zwei kamen in ihr Bett. Dann las sie aus einem dikken Gebetbuch die Andacht und betete mit uns. Auch wenn sie noch so müde war, darauf verzichtete sie niemals. Freilich war ihr Tageswerk mit unserem Zu-Bett-Bringen noch nicht beendet. Aber die Arbeit machte ihr Freude, wurde ihr nie zuviel. Leib, Seele und Geist waren bei ihr im Gleichgewicht, sie lebte in Zufriedenheit. Ihr Herz war immer voller Dank und Freude, wenn alle Arbeiten vollbracht waren, und ihr starkes Gottvertrauen trug sie durch die Bedrängnisse und alle Not des Daseins.

*

Langsam normalisierte sich nach Kriegsende alles wieder. Wenn man nicht anspruchsvoll war, ließ sich verschmerzen, was fehlte. Die Eltern waren sehr sparsam, aber nicht geizig. So hatte die Mutter stets eine offene Hand. Damals waren viele Bettler unterwegs. Die Tür wurde keinem gewiesen. Oft bekamen diese Armen ein warmes Mittagessen.

Für Kleidung wurde wenig Geld ausgegeben. Bis zum dritten Lebensjahr waren Buben und Mädchen einheitlich gekleidet. Ich entsinne mich, daß für sonntags vom vierten bis zum vierzehnten Lebensjahr insgesamt vier Kleider (zwei für die Sommer- und zwei für die Winterzeit) mein ganzer Bestand waren. Die Röcke hatten die doppelte Stoffbreite, und so konnte man immer ein Stückchen auslassen. Das Oberteil hatte breite Falten und ließ sich auf diese Weise erweitern, wobei dann aus den ursprünglich langen Ärmeln mit der Zeit ganz kurze wurden.

Im Sommer trugen wir werktags Holzschuhe. Wie oft habe ich sie verloren, wenn ich morgens zu spät zur Schule lief. Die Mutter holte nämlich morgens vor Schulbeginn häufiger einen Wagen Viehfutter, das der Vater in der Frühe vor seiner Steinbruchsarbeit gemäht hatte. Dann mußte ich mit und mich vor die Kühe stellen. Zu Hause ankommen und schnell nach der Uhr sehen, das war meist eins: »Keand laaf, es eaß schud speet! (Kind, lauf zu! Es ist schon spät!)« Ja, und dabei verlor ich mehr als einmal meine Schuhe.

Mein Vater ging inzwischen wieder seiner Arbeit nach. Das Frühstück nahm er mit. Zum Mittagessen kam er heim, und nachmittags brachte ich ihm oft heißen Kaffee und ein Stück Butterbrot, weil seine Arbeit mit dem Feierabend der Arbeiter noch nicht abgeschlossen war.

Von der Lebensweise der Arbeiterleute, die von Nonnenroth und Bessingen kamen, habe ich in meinem langen Leben schon viele Male erzählt. Diese genügsamen Menschen kamen morgens zu Fuß, lebten den Tag über nur von trokkenem Brot und sauren Gurken. Nach vollbrachter schwerster körperlicher Arbeit ging es abends wieder auf Schusters Rappen nach Hause. Dieser Nachhauseweg dauerte eine oder fast zwei Stunden. Heute muß jeder ein Auto haben, manchmal nur, um bis zum nächsten Zigarettenautomaten zu fahren.

Als Zwölfjährige mußte ich nun schon der Mutter so manche Arbeit abnehmen; etwa das Holz zum Feuern in die Küche schleppen und den großen Holzkasten damit füllen. Die am Tage gelegten Hühnereier mußten aus den Nestern gesammelt und ins Haus gebracht werden. Ab und zu mußte ich auch einige kochen, wenn sie zum Abendessen vorgesehen waren. Das machte ich gerne; nicht nur, weil ich sie mit Vorliebe aß, sondern weil mir die kleine Sanduhr so viel Spaß machte. Oft mußte ich auch schon einfache Mittagessen kochen – wenn die Mutter dringende Feldarbeiten hatte und um 11.00 Uhr Schulschluß war. Ärgerlich wurde ich dann immer, wenn mir auf dem Nachhauseweg Pfarrers Fräulein zurief: »Paula, komm bitte mal rein!«

»Es sind doch noch mehr hier, warum dann immer gerade ich«, dachte ich im stillen. »Ich soll doch kochen.«

Aber Erwachsenen durfte ich ja keine Bitte abschlagen. So hatten es mir die Eltern beigebracht. Also mußte ich tun, was sie von mir wollte. Entweder aus dem Kaufmannsladen oder vom Bäcker was holen. Dann aber ging's schnell nach Hause. Hier empfing mich die verärgerte Oma mit den Worten: »Wu bleibst dou Schinnos dann wirrer! Dou sollst doach noach eabbes koache! (Wo bleibst du bloß wieder? Du sollst doch noch kochen!)«

Ich fühlte mich zu Unrecht beschimpft, und so bekam sie dann oft eine unschöne Antwort. Mit den lautstark geschrienen Worten: »Loß m'r moi Rouh! De werscht schuud noach woas ze easse krije! (Laß mir meine Ruhe! Du wirst schon noch was zu essen kriegen!)« warf ich den Ranzen in die Ecke und lief in die Küche. Entweder gab es dann »Kardoffengemois, Zwiwimmwaiche oawer Mirch« (Kartoffelgemüse, Zwiebelsoße oder Meerrettich). Den gab es aber meist nur sonntags, weil da die Eltern Kirchgang hatten und zum aufwendigen Kochen keine Zeit war.

Eine Arbeit freilich fiel mir sehr schwer – das Wasserholen fürs Vieh vom Brunnen, der etwa fünfzig Meter von unserem Haus entfernt war. Die »Tränkbütte« mußte voll getragen werden. Im Winter wurde das Wasser erst noch erwärmt. Meine Mutter mengte dann Schrot und allerlei drunter, scheppte die Brühe wieder in die Eimer und trug sie zum Vieh.

Der weit abgelegene Brunnen hatte ganz hervorragendes Trinkwasser, ganz anders als unser eigener Brunnen. Für die Küche konnten wir dieses Wasser überhaupt nicht gebrauchen, und auch für das Vieh war es oft nicht genießbar. Bei diesem Wasserschleppen habe ich viel Schimpfe bekommen. Dadurch, daß wir diesen Brunnen mit mehreren gemeinsam hatten, fanden sich am Brunnen oft zwei oder auch drei Wasserholer zusammen. Wenn ich dann meinen Eimer mühevoll vom Trog herunterzog und dabei manchmal etwas Wasser verschüttete, wurde ich tüchtig ausgeschimpft.

Hatte ich meine abendliche Arbeit getan, lief ich schnell zu Oma in die Stube. Dieses Dämmerstündchen war mein ganzes Glück. Oma wußte genau, was mir gefiel, und sie verstand es, mich mit ihrer Erzählkunst immer wieder in den Bann zu ziehen. Da störte dann die Mutter, wenn sie rief: »Paula, deck de Desch! (Paula, deck den Tisch!)«

Ein grobes weißes Leinentuch legte ich auf den Tisch und stellte in die Mitte eine Schüssel mit Dickmilch. Messer und Löffel kamen an jeden Platz. Ein Tellerchen mit Butter wurde hingestellt und das Brot dazugelegt. Nun kamen in einem »Wannchen« (rundes Körbchen), das ebenfalls mit einem Tuch ausgelegt war, die heißen Pellkartoffeln aus der Küche und wurden auf dem Tisch – um die Dickmilchschüssel herum – ausgebreitet. Jeder schälte sich Kartoffeln soviel er wollte und schöpfte die Dickmilch mit seinem Löffel aus der gemeinsamen Schüssel. Wer noch Hunger hatte, nahm sich ein Butterbrot oder ein Ei, wenn es welche gab. Wurst gab es an Werktagen so gut wie nie.

Einmal vor Weihnachten und noch einmal im Frühjahr wurde geschlachtet. Aber immer nur ein Schwein. Daß noch halbe Rinder dazukommen – so wie es heute üblich ist –, das kannte man nicht. Die »Hausschlacht« mußte für das ganze Jahr reichen. Zu Ostern, Pfingsten und zur »Kirmes« durfte mal beim Metzger eingekauft werden. Aber auch da gab es keine Koteletts, die heute in vielen Familien fast zur Alltagskost gehören.

*

Um diese Zeit bekam ich eine zusätzliche Arbeit. Vaters Nichte war Kriegerwitwe geworden. Bei der mageren Witwenrente von damals ging es ihr finanziell sehr schlecht. Nun hatte ihr jüngster Bruder bisher den »Gießener Anzeiger« ausgetragen. Nachdem er eine andere Arbeit übernommen hatte, hätte seine Schwester die Zeitungsaustrage zu gerne für ihren Jungen gehabt. Aber der war noch nicht kräftig genug. Es mußten ja immerhin fast zweihundert Zeitungen getragen werden, denn damals gab es keine andere Tageszeitung im Dorf.

»Mir konne däi Anna näid setze losse (Wir können die Anna nicht im Stich lassen)«, beschloß der Vater – und was er sagte, wurde respektiert. Widerrede gab es nicht. So mußte ich also einspringen. Dreimal in der Woche war Nachmittagsschule. Anschließend mußten die Zeitungen an der Bahn abgeholt und verteilt werden. Damals war diese Arbeit schwieriger als heute. Es gab keine Briefkästen oder Zeitungshalter. Die Zeitungen mußten jedem in die Stube gebracht werden. Unter die Tür schieben durfte ich sie nur, wenn die Haustür verschlossen war. Lief ich dann im Winter mit meinem Packen durchs Dorf, sah ich oft vorn an der »Bach« (am Teich) den Kindern wehmütig zu, die sich auf dem Eis tummelten. Und ich konnte nicht mittun! Eine Gote hatte mir wohl zu Weihnachten neue Schlittschuhe geschenkt. Aber wann konnte ich sie denn benutzen?

Das Zeitungstragen brachte damals – gemessen an anderen Tätigkeiten – einen guten Verdienst. So verdiente beispielsweise meine Schulkameradin nach der Schulentlassung beim Bauern monatlich zwanzig Mark. Mit meiner Arbeit kam ich auf sechsundfünfzig Mark. Und so war ich – trotz aller Plage – stolz darauf, daß ich schon selbst Geld verdienen konnte.

Samstags ging ich zu meiner anderen Oma putzen. Sie wohnte auf der Obergasse, wo heute der Parkplatz ist. Heute noch sehe ich sie vor mir mit ihren lieben, gütigen Augen. Sie war viel krank, aber niemals hörte ich sie klagen. Der Großvater war schon mit 56 Jahren gestorben. Da war ich erst ein Jahr gewesen. Er war Dreher und hatte seine fertige Ware immer nach Frankfurt fahren müssen. Aber mit welcher Mühsal war das verbunden. Großmutter erzählte immer, daß er nachts um zwei Uhr aufgebrochen war und die Ware auf einem Schubkarren bis Frankfurt gebracht hatte. Daneben hatte er aber auch noch die ganze Feldarbeit zu erledigen.

Was haben sich doch die Alten plagen müssen. Hierbei fällt mir ein Erlebnis ein, das sich freilich erst Jahre später ereignet hat. Ein schon betagter Langsdorfer, der öfter in Hungen zu tun hatte, marschierte die Straße entlang, während Mutter und ich auf unserem Pflanzstück arbeiteten. Da rief ihm die Mutter zu: »Hannes, kannsde dann den Wäg immer noach mache? Foahr doach met d'm Zug! (Hannes, kannst du den weiten Weg immer noch laufen? Fahr doch mit dem Zug!)«

»Joa, Lina, do koast's fünf Fennig, ean häi git's imsost (Ja, Lina, da kostet es aber fünf Pfennige, und das Laufen ist umsonst)«, antwortete er.

Heute würde man ihn vielleicht einen alten Geizkragen nennen. Aber das war er wirklich nicht. Die Alten hatten ja damals kein Geld; oft nicht mal für das Allernotwendigste.

*

Lange genug habe ich mich nun bei meiner Kindheit verweilt. Wenn die Umgebung, in der ich aufgewachsen bin, auch nicht gerade rosig und ohne Probleme war – meine

Kinderstube hat mir viel gegeben fürs spätere Leben. Von allem Anfang an hatte mich die Mutter mit Gottes Wort vertraut gemacht, und ich hatte gelernt, zu gehorchen und zu arbeiten.

1921 wurde ich konfirmiert. In dieser Inflationszeit konnten die Eltern nur mit Mühe und Not ein schwarzes Kleid für mich beschaffen. Ein alter jüdischer Mann aus Muschenheim besorgte schließlich einen Stoff. Zur Vorstellung trug ich ein geändertes Kleid meiner Mutter.

Weil mir das Lernen in meiner Schulzeit sehr leichtgefallen war, hatte ich immer den geheimen Wunsch, einmal auf die Handelsschule zu gehen. Darüber sprach auch Lehrer L. mit meinem Vater. Aber der lehnte es rundweg ab. Er hätte schließlich schon lange auf meine Hilfe in der Landwirtschaft gewartet, weil zuviel Arbeit auf den Schultern seiner Frau lastete. So wußte ich, wo mein Platz war.

Die Tage verliefen immer im gleichen Trott. Im Sommer Stall- und Feldarbeit. Im Winter, wenn die Stallarbeit beendet war, wurde die Häckselmaschine gedreht, Dickwurz geputzt und gemahlen und zu Häckselfutter vermengt. Dieses »Mengsel« mußte bis zum abendlichen Füttern liegen, damit es richtig durchzog und das Vieh es lieber fraß. Maschinen gab es damals noch nicht. Alles mußte mit der Hand getan werden, und die Arbeit war sehr schwer.

Wenn man nur bedenkt, mit wieviel Arbeit das Melken und Verarbeiten der Milch verbunden war; ganz im Gegensatz zu heute. Die Milch wurde in »Satten« (das waren große, flache Wannen) gefüllt und blieb so bis zum nächsten Melken in den Kellerschränken stehen. Jede »Satte« hatte einen Stöpsel, der nach unten herausgezogen wurde, damit die Magermilch ablaufen konnte. Der abgesetzte zurückgebliebene Rahm wurde dann mit einem Gummischieber in einen großen Steintopf geschoben und zum Sauerwerden warmgestellt. War es dann soweit, kam der Rahm ins Butterfaß, wo er mit einem hölzernen Stampfer (in den Löcher gestanzt waren) durch ständiges Auf- und Abstoßen bearbeitet wurde. Aus der schließlich gewonnenen Masse formte man die sogenannten »Butterwecken«, die mit einem hölzernen Löffel auf der Oberseite schön verziert wurden. Verkauft wurde die Butter vom »Bottermann«, einem Händler aus Södel, der regelmäßig ins Haus kam. Auch die Eier nahm er in großen Körben mit. Wahrscheinlich bilde ich mir das nur ein, aber ich denke: Mit dieser Butter und Buttermilch können die heutigen Produkte nicht konkurrieren.

Die Magermilch ließ man ebenfalls sauer werden. Die Töpfe wurden dann bis zu einer gewissen Wärme ins zweite Fach vom großen Zimmerofen gestellt. Diese erwärmte Milch schüttete man in den »Mattesack«, der zugebunden auf die »Käseleiter« kam. Die lag über einem Gefäß, in das die Molke hineinlief. Die Molke war ein gutes Schweinefutter. Aus der nun zartgekneteten Matte, in die etwas Salz, manchmal auch Kümmel kam, wurde Käse geformt. Ganze Reihen saßen damals auf den dazu bestimmten Käsebrettern, die ziemlich hoch an der Stubendecke auf dafür angebrachten Haltern zum Trocknen lagen. Waren die Käse hinreichend trocken, kamen sie in einen großen irdenen Topf, der – mit einem Tuch zugebunden – in den Keller gestellt wurde.

Wieder nach einer bestimmten Zeit wurde der Topf hochgeholt, die Käse in lauwarmem Wasser abgewaschen (weil sich ja inzwischen Schimmel gebildet hatte) und noch einmal im Topf in den Keller gebracht. Hatten sie dann die richtige Reife, wuschen wir sie wieder ab – und sie waren eßfertig. Ach, hätten wir doch heute noch einen Topf voll davon. So was Gutes gibt es nirgendwo mehr!

Aus der »Matte« gab es auch oft »Schmierkees«, der dann abends mit Kümmel oder Zwiebeln zu den Pellkartoffeln gegessen wurde. Auch morgens über das Honigbrot geschmiert, schmeckte er köstlich. Mit diesem »Kees« hat der heutige nur den Namen gemeinsam.

Die Heu- und Getreideernte, wobei die Sonne oft erbarmungslos brannte, waren für mich die schwersten Tage. Maschinen gab es bei uns immer noch keine, alles war Handarbeit. Das gemähte und in Garben gebundene Getreide wurde in langen Reihen haufenweise aufgestellt. Diese Haufen nannte man »Hausten«, die – sobald sie schön trocken waren – heim in die Scheuern gefahren wurden. Diese hohen Erntewagen habe ich besonders gern gehabt. Wegen der beengten Hofreiteverhältnisse zu Hause wurde die Frucht in die Feldscheune im Steinbruch gefahren, wo dann auch die Dreschmaschine hinkam.

Als wir eines Tages wieder Frucht einfahren wollten, sagte Großmutter zu mir: »Geäb oacht, deäßde nit vom Woah schmeißt. (Paß auf, daß du nicht vom Wagen fällst!)«

Vorlaut gab ich ihr zur Antwort: »Ach Oma, wannde doach nit immer de Deuwill o die Woad mohn dest! (Ach, Oma! Male doch nicht immer den Teufel an die Wand!)«

Großmutter aber hatte richtig prophezeit. Im Steinbruch geriet der Wagen durch etwas Unachtsamkeit gegen einen Steinhaufen und fiel um. Der Vater holte mich rasch unter den Garben hervor. Außer Prellungen hatte ich eine Kopfwunde, die stark blutete. Er tröstete mich mit den Worten: »Sei zefrirre, es hätt schleammer ausgieh konne. Die längst Zeit hott's gedauert. (Sei zufrieden! Es hätte schlimmer ausgehen können. Die längste Zeit hat es gedauert.)«

Im Steinbruch sollte nämlich eine neue Hofreite entstehen, aber alle hoffnungsvollen Pläne meines Vaters wurden zerstört. Unser Bauvorhaben war schon 1914 der Firma Koch aus Nonnenroth übergeben worden. Durch den plötzlichen Kriegsausbruch kam dann alles zum Stillstand. Als nach Kriegsende alles wieder einigermaßen in normalen Gleisen lief, griff der Vater den Plan wieder auf, rutschte aber mit seinem Vorhaben gleich wieder in die Inflationszeit, und die Geldentwertung von 1923 machte alles zunichte.

Im Winter durfte ich zu meiner größten Freude zwei Monate (Januar und Februar) zum Weißzeug-Nähen gehen. Auch im darauffolgenden Jahr ging ich in Langsdorf zu einer Damenschneiderin und wieder ein Jahr später noch einmal zwei Monate nach Lich. Von allen drei Meisterinnen habe ich viel gelernt. Am liebsten wäre ich selbst Schneiderin geworden. Ich begriff ziemlich schnell, und auch an Entschlußkraft fehlte es mir nicht. Aber was nutzte das alles, wenn ich die Zustimmung der Eltern nicht bekam.

Doch trotz aller Arbeit: Es gab viele schöne Abende in meiner Jugendzeit, die reichlich aufwogen, was mir sonst versagt blieb. Zweimal in der Woche ging ich abends mit einigen anderen jungen Mädchen ins Pfarrhaus. Diese Abende, die wir dort mit unserem Konfirmator K. und seiner Frau verbrachten, habe ich nie vergessen. Noch heute höre ich seine Worte, mit denen er uns so treu ermahnte: »Kinder, setzt euch nicht an das Kohlenfeuer der Welt, meidet die Stätten der Versuchung, wachet und betet, so wird euer Gang gewiß sein.«

K. war nur gut zehn Jahre Pfarrer bei uns. Er war ein sehr musikalischer Mensch und bemühte sich tatkräftig um eine neue Orgel. Trotz teilweise heftigen Widerspruchs der Langsdorfer führte er dieses Vorhaben durch. Die meisten Leute im Dorf hatten nur wenig Verständnis für so was »Unnützes«. Es kam zu heftigen Auseinandersetzungen, die dann wohl auch den vorzeitigen Abschied des Pfarrers von hier bewirkten.

Im Jahre 1925 gab auch der Gänsehirt seine Arbeit auf. Alles Althergebrachte verlor sich in dieser Zeit mehr und mehr. So auch die Sitte des Kuchenbackens an Feiertagen. Bisher war es üblich gewesen, daß der Kuchenteig zu Hause fertiggemacht wurde. Er kam dann in die große »Backmane« (Mane = Korb), die Mutter mit einem »Kitzel« (Kopfpolster) auf dem Kopf ins Backhaus trug. So wie sie kamen auch noch vier andere Frauen zur selben Zeit. Die fertigen

Kuchen der vier Familien reichten zu einem »Geback«. Als erstes gab es einen »Schmoadplatz«, der warm gegessen wurde. Der weitere »Geback« bestand aus einem »Riwwelkuchen« (Streußelkuchen), einem Apfelkuchen und einem »Hoingkkuchen«. Meist war auch ein Rodonkuchen dabei, der aber für den Sonntag nach den Feiertagen aufgehoben wurde; denn an gewöhnlichen Sonntagen gab es ja nur – wenn es überhaupt Kuchen gab – Rodonkuchen.

Nach der Hausschlacht wurde diese Routine mal unterbrochen mit dem Backen von »Gräiwezell«. War dieser »Geback« erledigt, erschienen vier andere Frauen mit ihren Teigmanen. So ging es weiter, bis alle fertig waren.

Anschließend nun wurden die fertig vorbereiteten Kuchen ins Backhaus gebracht. Die Leistung, die meine Mutter beim Kuchentragen vollbrachte, kann ich auch heute nur bestaunen. Die »Kuchentrage« kam auf den »Kitzel«, den die Mutter auf den Kopf hatte – mit zwei großen »Blechen«. Diese Last trug sie freihändig, weil sie ja unter jedem Arm einen weiteren Kuchen schleppte. Vor dem Backhaus war sie dann freilich auf die Hilfe anderer angewiesen, die sie von ihrer Last befreiten.

1926 kam die Wasserleitung. Sie brachte allen eine große Erleichterung bei der Arbeit, vor allem beim Viehtränken.

*

Aber noch einmal zurück zur Jugendzeit. Von etwas ganz Wichtigem habe ich noch nicht erzählt. Im Winter ging es abends in die Spinnstube. Die Mädchen machten Handarbeiten, und die Burschen sorgten für Unterhaltung. Spätestens um 11.00 Uhr war Schluß. Sonntags abends ging es oft lebhafter zu. War die Gesellschaft groß genug, kam ein Fäßchen Bier auf den Tisch. Und so ein Fäßchen mußte ja ausgetrunken werden!!

In der Sommerzeit zog die Jugend am Abend singend in langen Reihen durchs Dorf, hauptsächlich auf der Hungener Straße. Die schönen alten Volkslieder, die wir alle kannten und sangen, sind heute kaum noch zu hören. Ob die Menschen heute nicht vielleicht trotz allen Reichtums doch ärmer sind, als wir es waren?

Engel waren wir freilich keine. Nur waren unsere Streiche ziemlich harmlos und würden heute wohl nur belächelt. So wurde z.B. einmal ein hochgestapelter Holzhaufen zur Nachtzeit umgestoßen. Aber schon als das Holz krachend zusammenfiel, regte sich unser Gewissen, und wir flohen in heller Panik vom Feld.

Wenn einer aus unserer Runde wußte, daß irgendwo Frauen zum Strickabend waren, wurde unsere Feierabendstunde vorverlegt, damit wir die Frauen durch Erbsenwerfen gegen die Fensterscheiben heftig erschrecken konnten. Das soll sich angeblich von innen ganz schrecklich angehört haben, und wir hatten unseren Spaß.

Zur Herbstzeit wurden zum Honigkochen ganze »Manen« voller Zwetschen gekernt. Nach getaner Arbeit brachten wir die Kerne auf der Straße unter, indem wir kleine Wege streuten – von Haus zu Haus, von denen wir annahmen, daß dort zwei Verliebte wohnten. Um den Rest loszuwerden, schütteten wir ihnen einfach alles vor die Haustür. Kam allerdings der Ortsdiener in Sicht, der abends durch die Straßen ging, mußten wir rennen, als gelte es unser Leben. Hätte er uns erwischt, wäre eine tüchtige Tracht Prügel fällig gewesen.

Für eine Ungehorsamkeit aus meiner Jugendzeit habe ich schwer büßen müssen. Ich hatte es mir, trotz des Verbotes meiner Mutter, nicht verkneifen können, an einem dörflichen Tanzvergnügen teilzunehmen. Ein Betrunkener, der zwischen den Tanzpaaren herumtorkelte, hatte mir dabei mit der Faust so heftig in den Rücken geschlagen, daß ich zusammenbrach. Die Folge waren schlimme Schmerzen, die mich unentwegt plagten. Zu Hause wagte ich nicht, darüber zu sprechen, und ertrug sie deshalb stillschweigend. Erst nach einem Jahr ließ ich »die Katze aus dem Sack«. Nun mußte ich zum Arzt, und hier ergab das Röntgenbild eine größere Beschädigung der Lunge. Nicht einmal der folgende Klinikaufenthalt befreite mich von meinen Schmerzen. Bei allen schweren Arbeiten haben mich diese Schmerzen geplagt, mein ganzes Leben lang. Eine schlimme Erinnerung an meinen Ungehorsam.

*

Unsere Oma lebte auch noch. Sie war inzwischen neunzig Jahre alt, aber ihr Temperament war ungebrochen. Nur wurde mit zunehmendem Alter ihr Blasenleiden immer schlimmer. Oft nahm sie ihre nassen Hosen und hängte sie einfach ans Ofensims. Welch ein Gestank, wenn man da zur Tür hereinkam!

Schnell öffnete ich dann ein Fenster, aber das wollte Oma absolut nicht dulden. Räsonieren und Schimpfen waren ihr fast schon zur Gewohnheit geworden. Aus voller Kehle schrie sie mich an: »Du jungk Oos reißt schud wirrer d's Fe-anster off! Mer kanns nit aushaan ver Källe! (Dieses junge Nichtsnutz reißt schon wieder das Fenster auf! Man kann es nicht aushalten vor Kälte!)«

»Ean aich kanns nit aushaan ver Gestank (Und ich kann es vor Gestank nicht aushalten)«, gab ich ihr frech zur Antwort. Der Widerspruch aber machte Oma noch gereizter. »Joa, dou met doier feine Noase! Dou mußt emol en Parrer hoiroate. (Ach du mit deiner feinen Nase! Am besten, du heiratest einmal einen Pfarrer.)«

Etwas hilflos hielt ich ihr entgegen: »Do kimmsde se speet, do häsde mich äjer offmerksam mache misse. (Damit kommst du leider zu spät! Darauf hättest du mich früher aufmerksam machen müssen.)«

Da öffnete meine Mutter die Tür: »Woas es dann häi lus? (Was ist denn hier los?)«

»Aich huser eawwer emol gesaad (Ich hab es ihr schon einmal gesagt)« antwortete ich. »Se soll ihr Zeug neat om Owe treggin ean soll deich hiern. (Sie soll ihr Zeug nicht am Ofen trocknen und soll auf dich hören.)« Um Frieden bemüht wandte sich meine Mutter an Großmutter: »Aich soa's uch doch immer: Geäbt mirsch doch her! Aich wäsch es doch. (Ich sage es euch doch immer wieder! Gebt es mir, ich wasche es doch.)«

Großmutter wütend: »Jo, dou host aach sost naut se treiwe, wäi mei Zeug kabutt se wäsche! (Du hast ja auch sonst nichts zu tun, als mir mein Zeug kaputt zu waschen!)«

Mutter ließ sie dann meist gewähren und ging schweigend hinaus. In solchen Situationen tat sie mir immer leid. Gegen die Oma konnte sie sich nicht durchsetzen, auch wenn sie noch so sehr im Recht war.

Wenn der Stubenboden einen neuen Anstrich bekommen sollte, mußte Oma für kurze Zeit ausziehen. Sie wurde dann auf dem Handwagen zu ihrer Tochter gefahren. Aber auch dort war sie nicht zufrieden und schimpfte lautstark. Gote Marie beklagte sich bei meinen Eltern und fragte immer schon nach wenigen Tagen: »Eaß dann au Stuwe baal troacken? Däi geigt ean geigt: ›Aich will hoam!‹ (Ist denn eure Stube nicht bald trocken? Die redet und redet: ›Ich will heim!‹)«. Scheinbar gefiel es ihr beim »jungen Oos« doch am besten.

*

1927 kaufte mein Vater eine andere Bauernhofreite, und kurz vor unserem Umzug starb Großmutter. Im neuen Heim gefiel es uns sehr gut. Wir hatten jetzt genügend Platz im Haus und in den Stallungen, und auch mit den Nachbarsleuten hatten wir sofort guten Kontakt – was ja auf dem Dorf eigentlich dazugehört.

Mit dem alten Bauersmann von nebenan hatte ich gleich gute Freundschaft geschlossen. Aus seiner Viehküche ging ein kleines Fenster auf unseren Hof.

»Gemoie, hodd'er gout geschloofe? (Guten Morgen, habt ihr gut geschlafen?)« rief er mir jeden Morgen zu. Er tat mir immer leid; mußte er doch jede Menge Vieh füttern, und das fiel ihm sehr schwer. So rief er dann abends oft: »Gruß, beasde baal firdich? Komm noach e bessi e'riwwer. (Große, wenn du fertig bist, kommst du noch ein bißchen rüber?)«

Ach, ich konnte ihm doch seine Bitte nicht abschlagen. So ging ich abends noch oft zu ihm, und er hat sich gefreut, wenn ich ihm einen hochbeladenen Wagen mit Klee oder Dickwurzblättern ablud und von diesem Futter dann viele Gabeln voll dem Vieh in die Stallungen schleppte. Besonders das Hin- und Herlaufen machte ihm nämlich große Mühe. Manchmal setzte er sich dann auf einen alten Stuhl, der auf dem Hof stand, und summte einen Liedvers vor sich hin. Wenn ich dann sagte: »Ei, der Opa kann joa aach noach seange (Ach, der Opa kann ja auch noch singen)«, erwiderte er: »Joa Keand, Goatt oacht' maich, wann ich ärwen, der läibt maich aach, wann ich seange. (Ja, Kind! Gott achtet mich, wenn ich arbeite. Der liebt mich auch, wenn ich singe.)«

*

1928 wurde die hiesige Pfarrstelle mit Pfarrer H. besetzt. Er hat unserer Gemeinde dreißig Jahre lang gedient. Sehr gerne beschäftigte er sich mit der dörflichen Sippenforschung, und als Ergebnis seiner Arbeit brachte er dann ein Heimatbuch heraus.

Neujahr 1929. Silvester war für die Jugend immer etwas ganz Besonderes. Nach althergebrachter Sitte zogen die jungen Leute kurz vor zwölf Uhr singend in langen Reihen zur

Mitte des Dorfes – auf den Platz zwischen Kirche und Rathaus. Ich möchte sagen, das halbe Dorf war hier versammelt. Nach dem Zwölf-Uhr-Schlagen läuteten alle Glocken, und man wünschte sich ein gutes Neujahr. Sobald wieder Ruhe eingekehrt war, hielt der Pfarrer auf der Kirchentreppe eine Ansprache, worauf die versammelte Menge sang: »Nun danket alle Gott ...« Fortgesetzt wurde die Feier in der Spinnstube mit Kaffee und Kuchen, den die Mädchen gebacken hatten, und reichlich vielen Getränken, für die alle Burschen gesorgt hatten.

Ein ebenso wichtiges und großes Ereignis war die bald darauf folgende Fastnacht, die schon am frühen Nachmittag mit dem närrischen Treiben auf der Straße begann. Anschließend versammelten wir uns zu einem deftigen Abendessen, das die Mädchen zubereiten mußten. Was dann folgte, will ich lieber nicht in allen Einzelheiten schildern. Das überlasse ich gerne eurer Phantasie. Fest steht, daß hier so manche Ehe gestiftet wurde – auch die von meinem Heinrich und mir. Und damit war unsere Spinnstubenzeit zu Ende.

Der 19. Mai 1929 war unser Verlobungstag. Abends kam Heinrich mit seinem Paten in unser Haus. Obwohl alles schon beschlossene Sache war, mußte doch die alte Sitte der Brautwerbung eingehalten werden. Nachdem die Eltern in aller Form ihre Zusage zur Hochzeit gegeben hatten, wurden die Ringe angesteckt. Die neugierigen Augen der »Plätzer« hatten durch die Fenster das Ende der Zeremonie vermerkt, und sogleich setzte ohrenbetäubendes Peitschenknallen ein. Ja, und dann mußten wir uns als frischgebackenes Brautpaar am offenen Fenster zeigen und die Glückwünsche entgegennehmen. Als Zeichen des Dankes überreichte Heinrich den »Plätzern« (Peitschenschwingern) einen Geldschein, mit dem die Gruppe nach nochmaligem »Knallen« in eine Wirtschaft zog. Wir beide gingen nach einem kleinen Imbiß ins Dorf zur Vorstellung bei der Verwandtschaft. Diese Feiern wurden früher sehr ausgedehnt, und die ganze Familiensippe feierte mit.

Inzwischen hatte sich im Dorf so manches geändert. Durch die Maschinen in der Landwirtschaft verlief der gesamte Tagesablauf anders. Auch im Steinbruch wurde es mit den Maschinen jetzt leichter, und die Arbeiter hatten es nicht mehr ganz so schwer. Ich selbst konnte mich jetzt auch mehr meinen eigenen Interessen widmen. Vor allem konnte ich nun endlich nähen. Aus jedem Stoffrestchen zauberte ich was und verschönerte mein Werk noch oft mit Besticken oder Perlennähen. Dieses Hobby trug mir den Spitznamen die »Vornehme« ein.

Unsere Hochzeit wurde auf den 16. November 1930 festgelegt – da feierten nämlich die Eltern ihre Silberhochzeit.

Weil eine solche Doppelhochzeit auch bei uns auf dem Dorfe nicht alltäglich war, hatten sich viele Neugierige in der Kirche eingefunden. Beide Paare saßen im Brautschmuck vor dem Altar, und Pfarrer H. vollzog die feierliche Handlung. Die anschließende Feier fand – fröhlich und prächtig – in beiden Elternhäusern statt.

Als jung Verheiratete wurde ich gleich Mitglied der Frauenhilfe. Und dort gefiel es mir so gut, daß ich die Abende, die unser Pfarrer so wunderbar gestaltete, kaum erwarten konnte.

Doch unser junges Glück wurde bald getrübt. Bislang hatte es als sicher gegolten, daß mein Mann die elterliche Hofreite übernehmen sollte. Statt dessen kam es zu einer Zusammenkunft mit seinen Schwestern. Und hier wurde ihm eröffnet, daß statt der vorgesehenen Übergabe das Los entscheiden sollte. Mein Mann hatte Glück. Aber nachdem Schwester und Schwager das Zimmer zornig verlassen hatten, mußte er einsehen, daß die ganze Angelegenheit doch noch nicht beigelegt war.

Eine neue Zusammenkunft wurde nach einigen Tagen

anberaumt, die mit einer heftigen Auseinandersetzung endete.

Nach für ihn aussichtslosen Gesprächen kam mein Mann schließlich am 1. Januar 1931 in mein Elternhaus. Täglich fragte er sich ratlos: »Wäi soll doas weirer gieh? (Wie soll das bloß weitergehen?)«

Ich versuchte ihn zu trösten – so gut es eben ging. Ein eingeschriebener Brief, der eines Morgens ins Haus flatterte, nahm uns schließlich allen Mut. In diesem Schreiben wurde Heinrich aufgefordert, seine Unterschrift zum Verzicht zu geben, sonst würde die Hofreite unverzüglich versteigert. Als Heinrich am Abend von der Arbeit nach Hause kam, mußte ich ihm ja wohl oder übel den Brief geben. Was lösten diese Zeilen bei ihm aus! Ich bekam regelrecht Angst um meinen Heinrich und dachte: »Das endet noch mit einer Katastrophe.«

Lange konnte er sich nicht zur Unterschrift entschließen. Immer wieder sagte er: »Noa, noa! Moi Voadder dreht sich eam Groab erimm. Aich gieh nit hie. ( Nein, nein! Mein Vater würde sich im Grab umdrehen. Ich gehe nicht hin!)«

»Heinrich gieh! Neam's wäi's kimmt! Mer musse halt derch de fänster Wald (Heinrich geh hin! Nimm es, wie es kommt! Wir müssen halt durch diesen finsteren Wald)«, redete unsere Mutter auf ihn ein – und er ging. Wie mag ihm das Herz geblutet haben, als er seine Unterschrift gab.

*

Kaum war dieses Unheil behoben, meldete sich ein neues an. Heinrich fiel abends vom Heustall und zog sich einen komplizierten Armbruch zu. Ein paar Wochen Ruhe waren notwendig.

Der Familienzwist war da und hörte auch nicht auf. Am 6. Dezember 1933 wurde unser erstes Kind geboren, aber auch dadurch gab es keine Einigung. Von vier Schwestern war nur eine bereit, Patin zu werden. Bei der Taufe, die ja damals im Hause stattfand, wollte mir schier das Herz brechen, als Pfarrer H. nach dem Lied: »Ist Gott für mich, so trete gleich alles wider mich« in seiner Ansprache auf unsere schlimme Familiensituation einging. Keiner konnte in seiner Verbohrtheit den ersten Schritt zur Aussöhnung tun.

Wenn ich in diesem Frühling mit meiner Näharbeit am Fenster saß und die erwachende Natur bestaunte, mußte ich wehmütigen Herzens mit dem Psalmsänger sagen: »Herr, mein Gott, wie bist Du groß, Du gibst der Erde ein neues Gesicht. Ach laß doch auch in unseren verstockten Herzen ein Neues werden.«

Doch es dauerte noch sehr lange, bis mein sehnlichster Wunsch in Erfüllung ging.

*

Und dann kam das Jahr 1933 mit der Machtübernahme Adolf Hitlers. Radios gab es zu dieser Zeit nur sehr wenige im Dorf. So stieß ich an einem Sommerabend auf eine Ansammlung von Leuten, die vor den geöffneten Fenstern eines Hauses der Rede des »Führers« lauschten. Alle waren tief beeindruckt von seinen Worten: »Mein Reich ist auf Jesus Christus aufgebaut und kann daher niemals untergehen.«

Ich verkündete denn auch gleich zu Hause meinen Angehörigen: »Der richtige Mann ist gefunden! Der muß gewählt werden!« Und so geschah es auch.

Am Anfang sah auch alles rosig aus. Durch den Bau der Autobahnen konnte ein Großteil der Arbeitslosen beschäftigt werden. Auch sonst schien so manches gut und richtig, was er in Angriff nahm.

Doch bald zeigte sich die Kehrseite. Unter anderem maßte er sich an, alles, was nicht »arisch« war, von der Bildfläche verschwinden zu lassen. Dieser wahnsinnige Gedanke gipfelte in der Judenverfolgung.

Von der sogenannten »Kristallnacht« wurde in unserem Dorf die Familie O. besonders schwer getroffen. Der Vater wurde zu Tode geprügelt, die Mutter schwer mißhandelt und durch Messerstiche verletzt. Als die Söhne aus dem oberen Stockwerk den Eltern zu Hilfe kommen wollten, zerschmetterte man dem ersten sein Bein, der zweite rannte auf die Straße. Sechzehn Dolchstiche zählte man später bei ihm. Der dritte Sohn konnte im Nachbarhaus per Telefon Hilfe herbeiholen.

Nach diesen furchtbaren Geschehnissen beschloß Frau O., mit ihren Kindern in ihre Heimatstadt nach Bayern zu ziehen. Ihr Anwesen boten sie uns zum Kaufe an. Wir wiesen sie ab, weil wir schon 1932 einen Bauplatz gekauft hatten. Als der junge O. uns aber in seiner Bedrängnis immer und immer wieder bat, machten wir ihn auf einen anderen Langsdorfer aufmerksam, der an diesem Anwesen interessiert war.

»Der ›Goldfasan‹ (Parteimitglied) bekommt es nicht! Und wenn er eine Million bieten würde«, protestierte der junge Mann. Wochenlang redete er auf uns ein, bis wir uns zu dem Kauf entschlossen. Aber nun kam die Sache mit der Finanzierung.

Insgesamt 20000,- Mark mußten wir aufbringen. Welche Summe, gemessen an dem damaligen Verdienst meines Mannes, der an seiner neuen Arbeitsstelle 15,- Mark Wochenlohn hatte.

Die Mühsal wurde nun unser ständiger Begleiter. Die Sorge war eine ganz schwere Last, obwohl wir beide um das Bibelwort wußten: »Alle eure Sorge werfet auf ihn, denn er sorgt für euch.« So kamen auch wir allmählich zu der Einsicht, unsere Sorgen nicht so krampfhaft festzuhalten, sondern unser Leben in Gottes Vaterhände zu legen. Und tatsächlich! Immer wieder durften wir erleben, daß er uns durch alle Bedrängnisse recht führte. Jeder Tag bot in irgendeiner Form Anlaß zu großer Dankbarkeit.

Nachdem die oberen zwei Stockwerke des Hauses instandgesetzt waren, konnten zwei Mieter einziehen. Die untere Etage nahmen wir uns ganz zuletzt vor, und so zogen wir erst im darauffolgenden Frühjahr ein.

Die Jahre vergingen, aber nichts änderte sich an der betrüblichen Familiensituation. Das bedrückte mich immer mehr, und ich überlegte hin und her, wie man endlich die Sache aus der Welt schaffen könnte. Heinrichs reparaturbedürftige Schuhe wurden dann Mittel zum Zweck. Die Schuhe in der Hand öffnete ich bangen Herzens die Haustür der Schwägerin und stand ihr dann gleich gegenüber. Befangen waren wir beide. Weil sie sich gleich umdrehte und in der Küche verschwand, blieb mir nur noch die Frage: »Ist der Schuster drin?«

Ein kurzes »Ja« war die ganze Antwort.

Nun ging's mit Zittern zu ihm. Auf meine Frage, ob er Heinrichs Schuhe besohlen möchte, bekam ich die knappe Antwort: »Stell se do hie! (Stell sie dahin!)«

Mein ganzer Mut hatte mich verlassen, und ich fragte nur noch: »Wann kann ich sie wieder holen?« und ging. Von Erfolg konnte ja nun wirklich keine Rede sein, und doch war ich innerlich erleichtert. Wenigstens ein Anfang war gemacht.

In mir regte sich irgendwie ein sonderbares Gefühl, und ich sagte mir, daß die rechte Stunde vielleicht noch nicht gekommen war. Wohl grüßten wir uns wieder, auch ein paar Worte wurden gewechselt, aber von echtem Vergeben, das doch auch mit Vergessen gepaart sein muß, war keine Rede. Es hat sehr lange gedauert, bis dieser oder jener zur Einsicht kam und es auch offen bekannte.

Am 1. August 1938 wurde unser zweites Kind geboren. Die Taufe des Jungen fand wieder im Hause statt. Inzwischen hatte sich das »Bedrückende« eingerenkt, und zwei von Heinrichs Schwestern übernahmen mit noch zwei anderen Frauen die Patenschaft. »Du hast geheilt, was zerissen. Alles Irren brachtest du zur Ruh!«

*

Endlich war es soweit, daß auch in Langsdorf die zuständigen Stellen dafür waren, einen Kindergarten einzurichten. In der Schule wurde eine frei gewordene Lehrerwohnung zu diesem Zweck umgebaut. Und nun konnte ich unseren ältesten Jungen jeden Morgen hier in Obhut geben. Für alle Mütter bedeutete das eine große Entlastung, besonders für die Frauen in der Landwirtschaft. Aber die Freude sollte nicht von langer Dauer sein. Als die Hauptverkehrsstraße erweitert wurde, riß man die alte Schule ab – und der Kindergarten fand ein jähes Ende.

Am 1. September 1939 begann dann der schreckliche Zweite Weltkrieg. In diesem Herbst wurde ich schwer krank. Meine Mutter mußte einspringen und gehörte von da an auch ganz zu unserer Familie. Am 11. Januar 1940 wurde das von uns allen so heiß ersehnte Mädchen geboren. Wie war ich glücklich und dankbar für unsere kleine Paula Lina. Und dann vergrößerte sich unsere Familie gleich noch einmal: Wir bekamen zwei Soldaten zur Einquartierung.

In dieser Zeit beehrte mich zu meiner größten Freude mein ehemaliger Konfirmator, Pfarrer K., mit einem Besuch. Bei der Unterhaltung mit ihm merkte ich, daß er sich nach wie vor für das kirchliche Leben in unserer Gemeinde interessierte. Leider mußte ich ihm sagen, daß immer weniger Leute zum Gottesdienst kamen und sich kaum noch jemand für die Christenlehre interessierte, auf die er doch immer so großen Wert gelegt hatte.

»Leider haben sich viele Menschen sehr geändert«, sagte er.

»Ja, Herr Pfarrer«, mußte ich ihm bestätigen, »die sind rar geworden, die ihr Tagewerk mit einem ›Gott segne es‹ begannen, die nicht vom Acker gingen, ohne ihr Pflanzen und Säen in Gottes Namen befohlen zu haben.«

»So ist es! Die Menschen haben sich allzu willig dem neuen Zeitgeist geöffnet«, meinte er. Als ich ihm beim Abschied für seinen Besuch dankte, mußte ich ihm einfach nochmal Dank sagen für das wertvolle Gut, das er uns in der Jugendzeit mitgegeben hatte und von dem ich erst jetzt wußte, wie wichtig es für unser Leben war.

Eines Tages forderte man mich zum Eintritt in die NS-Frauenschaft auf. Ich lehnte rundweg ab, weil mir inzwischen klar geworden war, daß Hitlers Versprechen, »sein Reich auf Jesus Christus aufzubauen«, nichts als eine Lüge gewesen war. Daß meine Ablehnung Folgen haben sollte, davon hatte ich zu dieser Zeit freilich keine Ahnung.

Inzwischen gab es alles nur noch auf Marken. Und obwohl das Kartensystem überall gleich war, kamen die Menschen in großen Scharen aus den Städten auf die Dörfer, um hier zu tauschen und etwas Eßbares zu ergattern. Oft wurden die überfüllten Züge von Tieffliegern beschossen. Überhaupt nahmen die feindlichen Fliegerangriffe immer mehr zu, und eines Tages traf es auch uns.

In dieser schlimmen Nacht markierten die Tieff lieger ihr Zielgebiet in unmittelbarer Nähe unseres Hauses. Dreiunddreißig Brandbomben umsäumten unser Anwesen und lösten zwei schwere Brände aus. Die schwere Bombe auf Nachbars Hof war ein Blindgänger, der dann in unserem Steinbruch entschärft wurde. Trotz allen Kummers! Wie hatte uns Gott doch wieder vor dem Schlimmsten bewahrt. Unser damals vier Monate altes, kleines Mädchen wurde durch den Kelleraufenthalt schwer krank. Nach längerer Behandlung ohne Erfolg überwies der Arzt das Kind nach

Gießen. Aber auch hier fand ich nicht viel Gehör. Man überwies mich in die Kinderklinik. Aber irgend etwas in mir warnte mich davor, mein Kind dort abzugeben. Also fuhr ich wieder nach Hause. Und Gott hatte mich wieder mal rechtzeitig gewarnt. Schon in der Nacht wurde die Klinik zerbombt, und viele Tote waren zu beklagen. Mein todkrankes Kind aber hatte ich nun wieder daheim. Der Hausarzt konnte mir nur noch einmal versichern, daß er nichts mehr tun könne. Wie sehr haben wir damals gebetet, den Herrn um Hilfe angefleht. Und unser Mädchen wurde uns neu geschenkt. Es wurde gesund. »Wie soll ich dem Herrn vergelten all seine Wohltat, die er mir tut.«

*

In der alten Turnhalle in der Buchengasse hatte man russische Kriegsgefangene untergebracht. Gar zu gerne liefen unsere Buben dorthin und ließen sich aus Holz kleine primitive Spielsachen schnitzen. Diese bedauernswerten Menschen, die hungerten und mehr als schlecht versorgt wurden, durften freilich ihr Lager beliebig verlassen, weil ihr Wachmann ein guter Mensch war und beide Augen zudrückte. Bei einer solchen Gelegenheit brachten die Kriegsgefangenen in Erfahrung, wo unsere Kinder zu Hause waren. Und die Kinder konnten sie dann auch darauf aufmerksam machen, daß im Kellerfenster Brot lag. Aber natürlich durfte das niemand sonst im Dorf mitkriegen. Die Gefahr, daß man uns angezeigt hätte, war sehr groß.

Im Nachsommer 1943 verunglückte mein Mann schwer an der Gattersäge auf seinem Arbeitsplatz. Lange mußte er in der Klinik liegen. Dennoch wurde er 1944 – kaum genesen – eingezogen. Bei einem Arbeitskollegen hatte er während einer Unterhaltung seine Meinung geäußert und gesagt: »Wir gewinnen diesen Krieg genauso wie den ersten!« Dieser Arbeitskollege wußte nichts Eiligeres zu tun, als meinen Mann anzuzeigen. Die Folge: Mein Mann mußte in eine Strafkompanie nach Frankfurt einrücken. Als ich dann die mir zustehende Unterstützung abholen wollte, bekam ich zur Antwort: »Für Sie ist nichts da!«

In der Annahme, daß die Sache einfach noch nicht bearbeitet war, gab ich mich mit diesem Bescheid zufrieden. Bei der nächsten Auszahlung aber wurde mir klar, daß man mir ganz bewußt jede Unterstützung verweigerte.

Die Schikanen gingen weiter. Immer mehr Leute steckte man mir in das Haus. Allein siebzehn Kinder lebten unter meinem Dach. In meiner Not wandte ich mich an einen anderen Parteigenossen, von dem ich wußte, daß er zwar ein Nazi war, daß er sich aber dennoch irgendwie menschlich verhielt. Er brachte mir tatsächlich Verständnis entgegen. Mit der Bitte, kein Wort darüber zu verlieren, sagte er mir seine Hilfe zu. Auf seine Bemühungen hin wurde mir dann die übliche Unterstützung ausgezahlt. Eine Nachzahlung des verweigerten Geldes bekam ich aber nicht.

Im Herbst 1944 – beim Kartoffeln-Ausmachen – hörten wir zum ersten Mal das Rollen und Schießen der Panzer aus weiter Ferne. Jetzt mußte doch jedem klarwerden, daß der Krieg für uns verloren war.

Weihnachten 1944 war die erste Kriegsweihnacht ohne unseren Vater. Und weil für uns Weihnachten immer das Fest der Liebe, der Familie gewesen war, empfanden wir die Lücke als besonders schmerzlich. Heute wird ja die Nestwärme der Familie eher belächelt, aber da bin ich ganz anderer Meinung. Auch die alten schönen Weihnachtslieder sind durchs Fernsehen, die Stereoanlagen ins Abseits geraten. Möget ihr, meine Lieben, doch zu denen gehören, die an der Krippe anbeten und unter den Segen des so herrlich schenkenden Vaters treten.

Das Jahr 1945 brachte für mich wieder viel Aufregung, weil die Nazis jetzt ihre rückliegende Drohung wahrmachten. Als sie mir damals die Unterstützung einbehielten, hatte ich auch meine Spendengelder um die Hälfte gekürzt. »Das verbüßt du mir noch«, hatte mich da einer angeschrien, der obendrein noch ein Verwandter von mir war.

In diesem Zusammenhang fällt mir eine rückliegende Begebenheit ein, die sicherlich zu den neuen Attacken beigetragen hatte, die jetzt alle auf mich zukamen. Deswegen möchte ich sie hier noch erwähnen. Karladam, unser ältester Junge, war inzwischen in die »Jungschar« – so hieß die Kindergruppe der Nazis – eingetreten. Eines Tages sagte mir ein Langsdorfer Mann: »Paula, geh mal an das ›Jungscharheim‹ und gucke dort durch den Fensterschlitz, damit du mal siehst, wie der ›Unterricht‹ der Jungen verläuft.«

»Den Weg spar ich mir«, gab ich ihm zur Antwort. »Wenn es stimmt, was du sagst, bleibt mein Kind zu Hause, und die Sache ist erledigt.«

Nach einer Woche erhielt ich einen Brief – ihn lesen und ins Herdfeuer werfen, das war eins. Aber bald folgte ein zweites Schreiben. Um mir die Aufregung zu ersparen, steckte ich es ungeöffnet in den Ofen. Von anderer, wohlwollender Seite wurde ich nun gewarnt, doch lieber etwas vorsichtiger zu sein. Schließlich würde ich durch mein Verhalten die Kinder um alle Berufschancen bringen. Aber ich vertraute fest darauf, daß es mit dem »Tausendjährigen Reich« vielleicht doch nicht so lange dauern würde.

Eine Weile passierte gar nichts. Man ließ mich in Ruhe. Aber dann holte mich eine Nachbarin ganz aufgeregt von Schwiegermutters Geburtstagsfeier nach Hause. Was ich hier vorfand, brachte mein Blut dann doch zum Kochen.

Der »Parteigenosse«, den ich im Haus hatte, fuhr oft nach Gießen und holte sich aus den zerbombten Altstadtruinen Wäschestücke, die er dann auf unserer Wäscheleine zum Trocknen oder Lüften aufhängte. Meine Mutter hatte nun eines dieser trockenen Bettlaken zur Seite gehängt, um ihre zwei Wäschestücke aufhängen zu können. Ganz offensichtlich hatte das der Mann beobachtet. Mit den Worten: »Was fällt Ihnen ein! Was geht Sie meine Wäsche an?« stürzte er auf meine Mutter zu und schlug ihr dermaßen ins Gesicht, daß sie zu Boden stürzte.

Die Nachbarin hatte den Vorfall vom Balkon aus mitbekommen und trug unsere Mutter mit der schnell herbeigeholten Krankenschwester ins Haus. Als ich kam, sagte die Schwester: »Sehen Sie sich an, wie Ihre Mutter aussieht! Rufen Sie gleich den Arzt! Dieser Schuft muß bestraft werden.«

Doch meine Mutter wehrte ängstlich ab: »Neamt's hie, doas brengt die Paula noach fort! Nooch stieh aich elloa met drei kloane Keann! (Laßt es sein! Der bringt unsere Paula noch fort! Und dann stehe ich alleine da mit den drei kleinen Kindern!)«

Kaum vierzehn Tage später brachte mich unser Walter, der kaum ein Jahr zur Schule ging, erneut in große Bedrängnis. Während ich auf dem Hofe arbeitete, hörte ich einen harten, schußähnlichen Knall. »Das war doch ganz in der Nähe«, dachte ich. Aber sehen konnte ich nichts.

Schon nach wenigen Minuten sollte sich die Sache klären. Eine Frau lief zum Hoftor herein. »Paula, Paula«, schrie sie. »Dein Walter hat sich geschossen.«

In meiner Aufregung verstand ich ›erschossen‹ und kippte um. Als ich im Zimmer auf der Chaiselongue wieder zu Bewußtsein kam, klärte sich das Mißverständnis. Walter hatte mit einem Stein auf einen irgendwo herumliegenden Sprengkörper geschlagen, der dann explodiert war. Dabei hatte er sich die eine Hand schwer verletzt. Weil er so schlimm blutete, war er gleich zur Krankenschwester gelaufen, die ihn notdürftig verband und sofort, ohne mich erst zu benachrichtigen, ins Krankenhaus bringen ließ. Dank ärztlicher Kunst und Gottes Hilfe blieb die Hand des Kindes erhalten, und wider alles Erwarten kann Walter die Hand bis heute uneingeschränkt gebrauchen.

Mein »Nazifreund« im Hause hatte sich inzwischen wieder etwas ausgedacht. Bei der Holzversteigerung im Wald kaufte er einen Haufen Holz, mit dem er mir von innen das Hoftor zusetzte. Nun aber war bei mir Schluß. Schließlich konnte ich jetzt mit meinem Fuhrwerk nicht mehr zum Hof hinaus. Courage zur Beschwerde hatte ich keine. Hatte er mir doch im vergangenen Jahr, als er mir im Heumachen das Scheunentor mit langen Holzschwaden blockierte, zur Antwort gegeben: »Deine drei Wagen Heu können auf der Wiese verfaulen! Die tun zum Volksganzen gar nichts!«

Auf meine Bitte, das Hoftor frei zu machen, bekam ich damals zu hören: »Nur abwarten! Sie kriegen wir auch noch klein! Und dann singen Sie noch das Horst-Wessel-Lied mit uns!«

Einige Tage darauf bombardierten die feindlichen Flieger den Zug zwischen Langsdorf und Hungen. Am sogenannten Gelsenberg hatte es einen mächtigen Bombentrichter gegeben. Durch den schweren Luftdruck waren alle Fensterscheiben auf der Südseite unseres Hauses zu Bruch gegangen. Und als wir aus dem Keller kamen, fielen uns die gezackten, scharfkantigen Bombensplitter, die bis auf unseren Hof geflogen waren, ins Gesicht.

»Ein Glück, daß diese Dinger keinen Menschen getroffen haben«, bemerkte unsere Mutter, worauf die Frau des Nazifreundes erwiderte: »Joa, wann doch doas verfluchte Bauerngesoacks emol all verrecke un versenge det! (Ach, wenn doch das ganze verfluchte Bauernpack endlich verrecken und verkommen würde!)« Diesen schönen Satz gebrauchte sie gar zu gerne.

Mit allen Mitteln versuchten die Nazis, mich in die Knie zu zwingen. So befahl man mir, unverzüglich für Herrn R. den Kohlenstall zu räumen, in dem ich mit noch zwei anderen Familien die zugeteilten Kohlen untergebracht hatte. Als ich ein ärztliches Attest vorzeigte, wonach mir diese schwere körperliche Arbeit nicht zugemutet werden konnte, wandten sie sich an meinen Vater. Auf die Frage, wo er die Kohle denn hinschütten solle, wurde er an die Hofmauer verwiesen. Als Vater mit der ersten »Mane« Kohle über den Hof wollte, sprang Herr R. im dunkelblauen Anzug mit gespreizten Armen direkt vor ihn. Vater wich seitlich aus, aber ebenso schnell war auch der andere wieder da. Beim dritten Mal platzte Vater der Kragen. »So en Nautnotz! Woarim dout mer den nast o die Front? Annern ostennige Männer schäißt mer duht, ean so'en Kearlle ketzert die Leuh dehoam! (So ein Nichtsnutz! Warum muß der nicht an die Front? Die anständigen Männer schickt man fort, und so ein Kerl kühlt sein Mütchen bei den Leuten hier daheim!)«, schrie er ihn an.

Der schwerbeleidigte Herr R. rannte zum Hoftor hinaus. Ich hatte die ganze Geschichte hinter der Gardine mit Zittern und Beben beobachtet. Mir war klar, daß Herr R. das nicht so hinnehmen würde. Schweren Herzens ging ich in die Küche.

In allem Wirrwarr der Gedanken fielen mir auf einmal die Worte aus Psalm 56 ein: »Auf Gott will ich hoffen und mich nicht fürchten, was soll mir Fleisch tun.«

Dadurch etwas beruhigt harrte ich doch ängstlich der Dinge, die da kommen mußten. Da flog auch schon die Tür auf, und drei Männer stürzten wie wild zur Türe herein. Meinen Vater stießen sie vor sich her. Er setzte sich auf einen Stuhl, stumm, ohne ein Wort zu sagen. Den Mund machte er nur auf, als sie ihn nach seinen Personalien fragten.

Nachdem sie mit meinem Vater fertig waren, schrie mich der Ortsgruppenleiter an: »Du marschierst mit! Da wo wir dich hinbringen, lernst du das Horst-Wessel-Lied auf den Knien beten! Hier konntest du es ja nicht mal singen!«

»Ich kann Gott mit meinen Liedern preisen«, murmelte ich vor mich hin. Ob er es verstanden hatte, weiß ich nicht. Jedenfalls sprang er wie ein Tobsüchtiger auf und zog seinen Krückstock. »Jetzt schlägt er dich tot!« war noch mein

Gedanke. Aber der Stock sauste auf den Tisch, neben dem ich saß. Der Ortsbauernführer notierte nun auch meine Personalien, verhielt sich aber ziemlich ruhig und zurückhaltend. Vielleicht war es ihm doch nicht so ganz einerlei, daß er den alten Mann jetzt noch ins Lager schaffen sollte.

Als ich aber vor mich hinsagte: »... und was wird aus meinen Kindern?« – da brüllte der Ortsgruppenleiter wieder los: »Wir stecken dir so viele Menschen ins Haus, daß deine drei Bälge drin ersticken. Dir gehört nach dem Siege gar nichts mehr.«

Aufgewühlt bis ins Innerste schrie ich los: »Alles könnt ihr mir nehmen, aber meinen Glauben, den kann mir niemand rauben!«

Mit zynischem Lachen meinte darauf der dritte Mann: »Halleluja! Halleluja! Eure Bethäuser werden wir abbrechen, und die Jugend, die gehört uns! Die könnt ihr vergessen!«

Nach kurzem Hin und Her verließen die Männer das Haus. Menschen konnten uns nicht mehr helfen. Vater räusperte sich und sagte: »Geäb mer mei Easse! Aich gieh hoam. (Gib mir mein Essen! Ich gehe heim.)« Er saß so niedergeschlagen da, daß ich hoffte, er hätte vielleicht wegen seiner Schwerhörigkeit nicht alles mitbekommen.

Doch nachdem mein Vater gegangen war, konnte ich meine mühsam unterdrückten Tränen nicht länger zurückhalten. Laut weinend bat ich in meiner Verzweiflung Gott um Hilfe. Und mir fiel der Liedvers ein: »Bleib auf dem Platz, den Gott dir gab, und halte da in Treue aus. Ist es ein Kreuz, steig nicht herab, ist's Schmelzerglut, weich ihr nicht aus!« Ob das die Antwort auf mein Flehen war?

Da klopfte es ans Fenster. Ich war überzeugt davon, daß sie mich jetzt abholen kamen. Aber da hörte ich halblaut meinen Namen rufen: »Paula, mach mal auf!«

Ich öffnete das Fenster, und nun erfuhr ich, daß mir wohlwollende Leute den »Schwarzsender« abgehört hatten.

»Hab keine Angst!« trösteten sie mich. »Die Westfront ist am Zusammenbrechen. Ihr kommt nicht mehr ins Lager!«

In meinem wirren Kopf wußte ich nicht, ob das nun eine gute oder schlechte Nachricht war. Sollte ich zum zweiten Mal davonkommen?

Im vergangenen Jahr hatte mich der Ortsgruppenleiter wegen einer Lappalie nach Gießen ans Parteigericht beordert. Als ich dort heulend in einem kleinen Büroraum saß, öffnete sich eine Nebentür. Ein uniformierter Parteimann erschien und musterte mich mit geringschätzigen Blicken. Nachdem ich ihm einige Fragen beantwortet hatte, rannte er an den Apparat und führte ein Gespräch, wovon ich in meiner Aufregung nur das Wort »Abholkommando« verstand. Im selben Augenblick ging die Tür auf, und ein zweiter »Uniformierter« betrat den Raum. Sofort nahm er dem ersten den Hörer ab und widerrief dessen Anordnung. Mit der Begründung, ihm die Angelegenheit zu überlassen, wies er ihn hinaus. Der Gesichtsausdruck dieses Mannes beruhigte mich irgendwie. Er klopfte mir auf die Schulter und sagte: »Jetzt wollen wir mal ganz in Ruhe den Sachverhalt überprüfen.« Schon nach einer kurzen Aussprache ließ er mich nach Hause gehen. Für ihn war das eine Bagatelle gewesen.

Tatsächlich stimmte, was der Schwarzsender durchgegeben hatte. Was das für mich bedeutete, daß wir zu Hause bleiben durften! Zu allem Unglück noch lag nämlich meine Mutter während dieser Zeit in Gießen im Krankenhaus, und meine drei Kinder wären ohne Obhut gewesen.

Mutters Bett stand also leer. Abends um 11.00 Uhr kamen zu unserem Erstaunen zwei junge Mädchen herein, die – wie sie sagten – im Wartesaal hätten übernachten müssen. Auf meine Frage, wer sie zu mir geschickt hätte, bekam ich die kurze Antwort: »Unser Herrgott.« In der Nacht darauf gab es Alarm. Ich wollte die Mädchen mit in den Keller nehmen, aber sie ließen sich nicht stören und schliefen sich richtig aus. Während eines der Mädchen bald wieder abreiste, bat mich die andere inbrünstig, ich möge ihr doch noch für einige Tage Quartier geben. Sie fürchte sich so vor den Bombennächten im Ruhrgebiet. Es gefiel ihr bei uns so gut, daß sich ihr Aufenthalt auf drei Wochen ausdehnte. Langsdörfer Spötter jedenfalls hängten mir ein Schild mit der Aufschrift »Asyl für Obdachlose« ans Hoftor.

*

Wie in jedem Frühjahr mußten natürlich auch in dieser aus allen Fugen geratenen Zeit die Felder bestellt werden. Die dafür notwendige Arbeit machte mir immer viel Mühe. So wurden z.B. alle Setzkartoffeln – sobald es die Witterung erlaubte – körbeweise aus dem Keller an einen geschützten, hellen Ort auf ein »Strohbett« gelagert. Vor dem Setzen wurden sie geschnitten und eingesackt. Jetzt stand auf dem Acker die schwerste Arbeit bevor. Die schwere Schürze voller Kartoffeln, aus der man die einzelnen Stücke Schritt für Schritt in die Furche legte – das machte bis zum Abend schon schlimme Rückenschmerzen.

Ebenso mühselig waren die Arbeiten, die dem Bestellen der Dickwurzfelder vorausgingen. Um den Samen zu gewinnen, setzte man im Herbst einwandfreie Dickwurz in Erde, dic in einer Kellerecke auf dem Boden aufgehäuft wurde. Die ausgewachsenen Rüben kamen dann im Frühjahr in den Garten. Die bis zum Herbst gewachsenen, mächtigen Samenstränge wurden nun abgeerntet und zu Hause zum Trocknen ausgebreitet. Im Winter wurde der Samen abgestreift und geputzt. Wurde dann im Frühjahr der Acker bestellt, ging man die vorgezogenen Furchen schrittweise ab. Auf diese Abdrücke legte man einige Samenkörner, drückte sie mit der Hand fest und bedeckte sie mit Erde.

Das andere Verfahren zum Anbau der Dickwurz war nicht weniger mühsam. Auf einem sogenannten »Pflanzstück« wurde der Rübensamen dicht ausgesät. Im Volksmund bezeichnete man die Woche nach Pfingsten, in der es sehr oft regnete, als »Dickwurzwoche«. Hier wurden die herangewachsenen Pflanzen aus der Erde gezogen, zu etwa einem Hundert gebündelt und auf den Acker verpflanzt. In manchen Jahren war man bei ungünstigem, trockenem Wetter gezwungen, bei »der Bach« das Jauchenfaß voll Wasser zu laden. Auf dem Acker mußte dann ein Mann mit der Gießkanne die Pflanzstellen begießen. Die in einer Erdvertiefung angeschlämmten Pflanzen wurden schließlich von den Frauen gesetzt.

Auf diesen Dickwurzäckern wurde auch das Gemüse für die Familie gezogen. Auch da stand ziemlich fest, was angebaut wurde. Für eine vielköpfige Familie, wie bei uns etwa, wurden meist 120 Kraut, 80 Wirsing, 60 Rotkraut und 30 Blumenkohl gepflanzt. Die gelben Kohlraben, die nicht anspruchsvoll waren, kamen an die Enden der Furchen – den Weg entlang. Auf dem Acker wurden diese Gemüsepflanzen nur sehr selten von der so gefürchteten Kohlhernie befallen. Heute werden alle diese Arbeiten maschinell und mühelos erledigt; eine Veränderung, die ich wirklich nicht bedauere.

*

Nochmals zurück zu den letzten Wochen des unseligen Zweiten Weltkrieges. Welch ein Unterschied bestand doch zwischen dem Rückzug 1918 und dem von 1945. Genau wie zu Anfang des Krieges hatten wir auch jetzt wieder Einquartierung. Da erinnere ich mich an einen höheren Offizier, der mit drei Landsern bei mir untergebracht war. Dieser arrogante, überhebliche Mensch behandelte seine Untergebenen einfach unwürdig. Die drei Soldaten machten mich darauf aufmerksam, daß ich mich ja nicht bei ihm gegen das Hitlerregime äußern sollte; er wäre ein großer Fanatiker. Wie oft quälte er mich mit seinen Sonderwünschen, die meine ohnehin mit Arbeit randvollen Tage noch schwerer machten.

Als die Truppe weiterzog, bestätigte sich die Aussage der Landser. Dieser Spinner versicherte uns allen Ernstes noch, daß in wenigen Tagen, vielleicht sogar in Stunden, die V-Waffe eingesetzt würde, mit der dann der Krieg noch eine Wende nähme. Statt dessen blieb nichts als ein jämmerlicher Scherbenhaufen übrig. Die »Wunderwaffe« war ausgeblieben, und die armen Soldaten mußten sich vor dem Feind in den Wäldern verstecken, wie lichtscheues Gesindel. Hier und da kam es noch zu Kämpfen. So mußten z.B. am »Eisenhammer«, nicht weit von uns entfernt, noch sechzehn Mann ihr Leben lassen.

Die von ihren Truppenverbänden gelösten, ihrem Schicksal überlassenen Landser schlichen sich nun, hungrig und verdreckt, bei Dunkelheit ins Dorf. So brachte mir in einer Nacht um ein Uhr »Schoas Fritz« zwei von diesen armen Menschen und bat um ein Nachtquartier für sie. Als sie von dem Platzmangel hörten, wollten sie mit der Scheune vorliebnehmen. Aber das wollte ich nicht.

Kurzentschlossen räumte ich mein Bett aus und bereitete ihnen auf dem Küchenboden mit den Matratzen eine Lagerstatt. Sie baten mich noch, sie um vier Uhr zu wekken, weil sie bei Tagesgrauen den Weg in die Heimat antreten wollten. Aber um vier Uhr in der Frühe gelang es mir einfach nicht, die beiden Schläfer zu wecken. In meiner Not holte ich den alten Metzger von nebenan, der mich erstmal tüchtig auschimpfte.

»Dou beast doach verreckt! Wann d'r der nu des Haus voll Läus gemoacht hott? ( Du bist doch verrückt! Vielleicht hast du nun das Haus voller Läuse!)«, wetterte er, ging aber doch mit mir und öffnete mit einer Leiter das hintere Küchenfenster. Nachdem er die beiden aus ihrem Schlaf gerissen und sie sich gewaschen und gefrühstückt hatten, zogen sie von meinem Mann Zivilkleider an. Die Uniformstücke verbrannte der Metzger gleich unter seinem Wurstkessel – bis auf einen Mantel, der noch wie neu war.

»Dou'en gout versteggin n! Do kannsde noach eäbbes feer doi Keann devo newe. (Verstecke ihn gut! Davon kannst du noch was für deine Kinder nähen.)«

Gesagt, getan! Schnell wurde der Mantel in einen großen Eimer gesteckt und unter dem Dickwurzhaufen im Keller unsichtbar gemacht. Auf den Vorschlag der Männer hin wurde – um möglichst wenig aufzufallen – ein kleiner Handwagen mit etwas Mist beladen. Auch eine alte Mistgabel mußte dabei sein. Aber der Weg von Langsdorf nach Montabaur ist weit. Ich habe nie mehr etwas von ihnen gehört.

*

Ein anderes Erlebnis hatte ich an einem Sonntag-Morgen. Ich stand vor dem Hoftor und wollte zur Kirche gehen. Da kamen mir zehn Soldaten entgegen, die der Hunger aus dem Wald getrieben hatte und die im Begriff waren, sich zu stellen. Ich mußte an meinen Mann denken, und die Tränen würgten mir im Hals. Ich holte sie deshalb alle miteinander ins Haus. Die bei mir wohnenden evakuierten Frauen versorgten sie. Bis ich nach dem Gottesdienst wieder zu Hause war, waren die Männer schon weg. Ich erfuhr, daß einer von ihnen ganz in der Nähe von Gelnhausen zu Hause war, ein Familienvater von elf Kindern. Was ich sonst noch alles von dem Elend dieser Menschen im Wald zu hören bekam, war so schlimm, daß ich meine beiden Buben einige Male mit Essen in den Wald schickte.

Natürlich war mir klar, daß so etwas schlimm ausgehen konnte, und das bekam ich dann auch eines Tages zu spüren. Zwei Amerikaner sprangen über das gesperrte Hoftor und redeten auf mich ein. Ich verstand kein Wort. Der mir gutgesinnte, evakuierte Lehrer B. hatte von dem gegenüberliegenden Balkon meine Bedrängnis gesehen und kam gleich angelaufen. Durch seine Sprachvermittlung erfuhr ich, was mir drohte. Man warf mir vor, Soldaten gefüttert und in der

Scheune versteckt zu haben. Von ihrem Vorhaben, das Gebäude in Brand zu stecken, konnte sie – Gott sei Dank! – unser guter Nachbar abhalten.

Nun war endlich mit dem 8. Mai 1945 das langersehnte Kriegsende da. Gott läßt die Menschen eben so lange gewähren, wie er es für richtig hält, auch wenn wir es oft nicht verstehen können. Durch den Zusammenbruch änderte sich für unsere Familie so ziemlich alles. Am Küchenfenster beobachtete ich zufällig, wie unser ehemaliger Ortsgruppenleiter einem Auto mit amerikanischen Soldaten zuwinkte und sich sofort mit ihnen – er konnte ja Englisch sprechen – erkennbar freundlich unterhielt. Wütend wie ich war und meinen gehässigen Gedanken nachgebend, schrie ich ihn an: »So müßte jeder seine Fahne nach dem Winde hängen können!« Immerhin hatte er noch so viel Ehrgefühl, daß er daraufhin schnell verschwand, ohne auch nur ein Wort zu sagen.

Die Angst vor dem, was kommen könnte, führte ihn jetzt zu uns. Aus dem vorher so mächtig auftretenden Ortsgruppenleiter war ein erbärmlicher Jammerlappen geworden. Er kroch vor unserem Vater förmlich zu Kreuze und bettelte: »Mein lieber Herr R., zeigen Sie mich bitte nicht an! Es kostet mich den Kragen! Mir tut alles so leid! Wie konnte ich nur so was machen mit ehrbaren Langsdorfern!«

Mein Vater erklärte ihm, daß wir uns nicht anmaßen wollten, über ihn zu Gericht zu sitzen.

Im Internierungslager, in das er schließlich mit so vielen anderen Genossen eingeliefert wurde, hat er dann am eigenen Leibe erfahren müssen, was er so vielen anderen zugefügt hatte.

Nach seiner Rückkehr aus dem Lager nahm er mir gegenüber eine freundliche Haltung ein. Sein Schwiegersohn, der nach dem Krieg geschieden wurde, brachte meinen Mann mit nach Hause. Als ehemaliger SS-Mann war der Verwandte des Ortsgruppenleiters zu dreijähriger einfacher Arbeit verurteilt worden. Jetzt arbeitete er mit meinem Mann im Walde. Weil er kein rechtes Zuhause mehr hatte, behielten wir ihn in unserer Familie, bis er sich nach einigen Jahren wieder verheiratete. Von welch merkwürdiger Seite sich das Leben doch zeigen kann.

*

Gott läßt sich nicht spotten. Die Zeit war gekommen, in der er seine Macht zeigte. Ungeachtet aller Verfolgung und Anfeindung hatte die Gemeinde des Herrn auch diese Zeit überdauert, wie ich denn auch davon überzeugt bin, daß sie alle kommenden schlimmen Zeiten überdauern wird.

Nachdem durch den Krieg praktisch alles zerstört war, die Städte und Dörfer, die Familien, die Heimat und so viele Menschen ihr Leben hatten lassen müssen, suchten die Menschen wieder nach dem, der allein Herr über Himmel und Erde ist. Die Gotteshäuser, die von den Nazis am liebsten eingeebnet worden wären, füllten sich wieder. Das alte Sprichwort: »Not lehrt beten«, bewahrheitete sich. Aber ist es nicht eigentlich traurig, wenn man nur in Notzeit den Heiland sucht?

Am 15. Juli 1945 kam mein Mann aus dem Hungerlager Kreuznach nach Hause. Sein Zustand war bedenklich. Er berichtete, daß dort Hunderte der Mitgefangenen gestorben waren. Wie durch ein Wunder hatte Gott ihn am Leben erhalten. Er hatte sich nämlich trotz seiner jämmerlichen Verfassung zum Grabenausheben rund um das Lager gemeldet. Und obwohl er kaum arbeiten konnte, ließ ihm der mitleidige Aufseher die größere Essensration zukommen, die ihn vielleicht vor dem Verhungern bewahrte.

Eine schwere Darmerkrankung – der Arzt sagte, es sei »Ruhr« – machte jetzt meinem Mann schwer zu schaffen. Er hatte kaum noch die Kraft, für kurze Zeit das Bett zu verlassen. Nachdem sich sein Zustand etwas gebessert hatte, brachte ich ihn ab und zu mal in den Hof, damit er die Sonne genießen konnte. Dabei kam ihm dann auch mein Schikanierer R. zu Gesicht. Ohne viel Federlesen forderte er ihn auf: »Sie verschwinden hier so schnell wie möglich! Ich nehme an, daß Sie mich verstanden haben!«

Und tatsächlich! R., der jetzt keinen Rückhalt in der Partei mehr hatte, verließ nach wenigen Tagen die Wohnung.

Diese kurze Aufregung aber hatte Heinrich so zugesetzt, daß er am ganzen Körper zitterte. Unglücklicherweise kamen im selben Moment noch zwei Leute zum Hof herein.

»Schon wieder so Querulanten und hergelaufenes Volk!« – und was mein Mann in seiner Schwäche noch alles schimpfte. Dabei hatte ich das junge Mädchen und den alten Mann sofort erkannt. Vor Wochen hatten sie schon mal bei uns übernachtet. Jetzt waren sie auf dem Weg von Bellersheim, wo sie »gehamstert« hatten, in einen schweren Regen gekommen und völlig durchnäßt.

»Frau Köhler, wir müssen wohl heute wieder gehen«, meinte der verschreckte alte Mann. Ich erklärte den beiden, daß mein Mann durch seine Krankheit und all das, was er in Gefangenschaft mitgemacht hatte, überreizt sei.

»Stören Sie sich nicht an seinen unschönen Manieren und kommen Sie mit mir ins Haus!« Das wollten sie aber auf keinen Fall. Ich versorgte sie mit trockener Kleidung und Essen. Die Nacht verbrachten sie aus Angst vor meinem Mann auf dem Heuboden und ließen sich erst, nachdem sie ihre eigene, getrocknete Kleidung wieder trugen, an den Frühstückstisch bitten. Hier schlossen sie gottlob mit dem »bösen Mann« gute Freundschaft.

*

Wie schon erwähnt, war mein Peiniger R. ausgezogen. Durch seine täglichen Drohungen in der schlimmen Zeit, daß meine Möbel, meine Wäsche, eben einfach alles nach

*Abb. 1 (oben): „Im Märzen der Bauer die Rößlein einspannt ...“ Frühjahrsbestellung des Feldes vor über vierzig Jahren.*

*Abb. 2 (unten): Ab Mitte September – je nach Witterung und Sorte – ist Kartoffelernte (vgl. auch Abb. 12).*

*Abb. 3 (links oben): Heuernte. Damit das gemähte Gras gleichmäßig trocknete, wurde es mit dem Holzrechen gewendet.*

*Abb. 4 (links unten): Hochbeladen fährt dieser mit Kühen bespannte Leiterwagen die Getreide-Garben zum Dreschen ins Dorf.*

*Abb. 5 (rechts oben): Vesper auf dem Feld – nach schwerer Arbeit eine erholsame Pause.*

*Abb. 6 (rechts unten): Bäuerin beim Transport der zwanzig Liter fassenden Milchkunnen.*

*Abb. 7 (links): Vor allem in den Wintermonaten surrten in vielen ländlichen Wohnungen die Spinnräder. Aus der gereinigten und „gezeisten" Schafwolle wurden Fäden gesponnen, aus denen dann Frauen und Mädchen warme Pullover, Jacken, Strümpfe u. ä. strickten.*

*Abb. 8 (oben): Ein wagenradgroßer Blechkuchen (Obst-, Streusel-, Quarkkuchen u. a.) aus dem holzgeheizten Steinofen des Dorfbackhauses wird nach Hause getragen.*

*Abb. 9 (oben): Die ersten Nachkriegsjahre waren für viele Menschen eine harte und schwere Zeit, nicht zuletzt für die große Zahl der Heimatvertriebenen. Dieses ältere Ehepaar schneidet „Leseholz" aus dem Wald zum Heizen der Stube.*

*Abb. 10 (rechts oben): Hausschlachtungen in den Wintermonaten waren in fast jedem ländlichen Haushalt üblich. Die meisten Schlachtschweine wurden von den Familien selbst gemästet. Der Schlachttag war zugleich ein kleines „Schlachtfest".*

*Abb. 11 (unten rechts): Ein oberhessischer Bauernhof vor über fünfzig Jahren.*

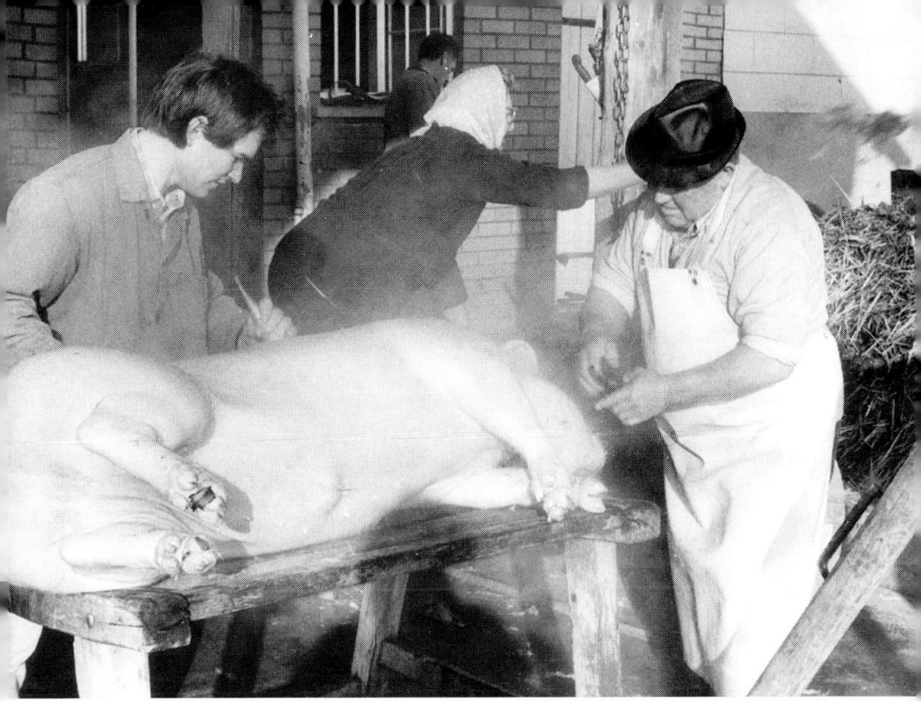

*Abb. 12 (oben): Bei der Rübenernte („Dickwurz“). Die Rüben wurden eingekellert und dienten als Viehfutter.*

*Abb. 13 (unten): Kartoffelernte. Ein Bauer mit Pferdegespann beim Kartoffelroden (Auspflügen der Kartoffeln aus dem Boden).*

dem Siege ihm gehören würde, hatte ich mich einschüchtern lassen und die besten Wäschestücke in einem Sandhaufen in der Scheune vergraben. Jetzt war ich glücklich, alles wieder ans Tageslicht befördern zu können. Doch wie erschrak ich, als ich die ausgepackten Stücke in Augenschein nahm. Entgegen meiner Vermutung war der Sandhaufen nicht vollkommen trocken gewesen, und meine schöne Wäsche war in den Pappkartons vollständig vermodert. Eine Lehre für mich, wie dumm wir uns verhalten, wenn wir unser Gut und Habe um jeden Preis bewahren wollen.

Heinrichs Gesundheitszustand besserte sich jetzt zusehends. Dafür erkrankte seine Mutter schwer. Sie wurde in die medizinische Klinik, die damals noch im Licher Schloß untergebracht war, eingeliefert. Nach langem Krankenlager ist sie dann zu Hause am 28. Dezember 1945 im Alter von 66 Jahren gestorben.

Am 1. Januar 1946 wurde unsere Mutter beerdigt. Auf dem Weg zwischen Friedhof und Kirche war ich am Ende meiner Kräfte und mußte nach Hause gebracht werden. Ein Vierteljahr lang mußte ich das Bett hüten. Die vernachlässigten Leiden aus dem ersten Wochenbett hatten sich durch die Aufregungen der Nazizeit verschlimmert. Jeden zweiten Tag bekam ich eine Herzspritze, außerdem peinigten mich Asthmaanfälle. Nach drei Monaten durfte ich zum ersten Mal aufstehen. Weite Wege konnte ich aber viele Wochen noch nicht machen, und so mußte mein Mann mich notgedrungen im Handwagen fahren. Der Arzt empfahl mir immer wieder ein »Aussteigen« aus dem Alltag. Aber wie hätte ich das denn in dieser Zeit machen können? Ach, wie oft habe ich damals geseufzt: »Wenn du noch eine Mutter hast, so danke Gott und sei zufrieden.«

Obwohl ich damals ziemlich kraftlos war, ließen neue Belastungen nicht auf sich warten. Seit dem 26. Juli mußten Quartiere für die ersten Ostflüchtlinge gerichtet werden.

In diesem Jahre wurde auch unser Linchen eingeschult.

Ihr Bruder Walter lernte schon seit zwei Jahren fleißig. Er war ein sehr guter Schüler, aber seine Lebhaftigkeit setzte mir schon ganz schön zu. Freudestrahlend – so wie auch ich einmal – trug das Linchen seine riesengroße Brezel nach Hause.

1946 war ein verhängnisvolles Jahr für unsere Familie. Am 28. November mußte Karladam auf schnellstem Wege zur Operation eingeliefert werden. Sein Blinddarm war geplatzt und der Eiter ins Bauchfell gegangen. Drei Wochen lang lag er in kritischem Zustand. Erst nachdem die Ärzte den Schnitt noch einmal aufgemacht und den Eiter entfernt hatten, besserte sich sein Zustand.

Doch schon war da wieder ein neues Malheur. In einem unbewachten Augenblick waren die beiden Kleinen, die immer zu allerlei Schandtaten fähig waren, auf den Heuboden geklettert. So fand ich Linchen, das Walter sicher von oben heruntergestoßen hatte, wimmernd am Boden liegend. Weil sie auch über heftige Leibschmerzen klagte, tippte ich gleich auf Blinddarm, und auch sie wurde operiert. Dabei stellte sich heraus, daß sie gar keine Blinddarmentzündung hatte. Ein großer Bluterguß, den der Arzt vorgefunden hatte, mußte entfernt werden. Aber woher kam der? Auch nachdem ich mein Linchen »ins Gebet« genommen hatte, war die Sache nicht geklärt. Erst nach und nach erfuhren wir die Ursache. Linchen war bei dem Sturz auf ein eisenbeschlagenes Wagenrad gefallen, und das hatte den Bluterguß ergeben.

Ostern 1947 wurde unser Ältester konfirmiert. Durch die Kriegsverhältnisse hatte seine Schulzeit nicht wie gewünscht verlaufen können. Nach vier Jahren Volksschule besuchte er das Gymnasium in Hungen. Wie oft haben die Kinder – weil wegen der Kriegsverhältnisse keine Züge fuhren – zu Fuß nach Hungen laufen müssen. Aber selbst das wurde durch die Tiefflieger bald unmöglich, und so blieb nur das Zurück in die hiesige Volksschule übrig.

Wie einfach und unproblematisch war doch jetzt alles beim zweiten Kind. Schule und Studium verliefen nach

Plan. Auch Linchen konnte seine Hauswirtschaftslehre ungestört absolvieren. Karladam besuchte nach dem Volksschulabschluß zwei Jahre lang die Handelsschule in Gießen, und danach fand er eine Anstellung in der Verwaltung der Jugendstrafanstalt Rockenberg. Dort arbeitet er noch heute.

*

Der 20. Juni 1948 brachte uns die Währungsreform, und allmählich fand das Bezugsscheinwesen sein Ende. Wie waren wir alle froh darüber. Durch die Geldentwertung aber waren die Ersparnisse vieler Menschen, die sie oft mühselig ein Leben lang angesammelt hatten, dahin. Jeder mußte sich nun mit 40,- Mark Kopfgeld begnügen.

In diesem Jahr half uns eine reiche Obsternte über die Runden. Zusammen mit Zuckerrübensaft, der allerdings eine heillose Arbeit machte, konnten wir zwölfmal Honig kochen. Sogar für unsere achtköpfige Familie war genügend Brotaufstrich da, und auch manchem Bittenden konnten wir noch eine Freude bereiten.

In dieser kargen Zeit leckte sich so mancher seine zehn Finger, wenn er ein Glas Honig bekam. Aber heute hat dieser selbstgekochte »Hoingk« wohl keinen Stellenwert mehr. Dabei – ein Außenstehender ahnt ja überhaupt nicht, was dieser »Hoingk« für Arbeit macht. Diese Kochperiode war freilich doppelt schwer gewesen, weil meine Mutter in dieser Zeit sechzehn Wochen krank lag.

Zur Ruhe konnte oder sollte ich einfach nicht kommen. Dazu trug wiederum ein Unglücksfall bei. Walter, der von einem großen Hund fürchterlich gebissen worden war, mußte drei Wochen lang im Bett bleiben. Sein schwerverletztes Bein hing in einer Schlinge, die an einem Deckenbalken befestigt war. Schon nach kurzer Zeit konnte Walter diese unbequeme Lage kaum noch aushalten. Was hat mich seine Ungeduld Nerven gekostet. Andererseits konnte ich es dem Kinde nachfühlen, weil ich selbst einmal als Zwölfjährige in einer ähnlichen Situation gewesen war.

Am 8. September erreichte uns eine niederschmetternde Nachricht, die sich auf die Rückerstattung von ehemaligen jüdischen Anwesen bezog. Obwohl unser Kauf damals ganz reell gewesen war, lag unser Kaufdatum unglücklicherweise drei Tage vor dem Stichtag. Eine Reihe zermürbender Prozesse lag vor uns. Doch davon an anderer Stelle.

*

In diesem Jahre (1949) erlebte die Langsdorfer Kirchengemeinde eine große Freude. Nach langer Zeit wurde sie wieder mit einem vierstimmigen Geläut zum Gottesdienst gerufen, und verbunden mit einer würdigen Feier wurden zwei neue Glocken und eine umgegossene geweiht.

Großen Eindruck machte damals das biblische Spiel von den zehn Jungfrauen, das abends von jungen Mädchen des Dorfes in der überfüllten Kirche aufgeführt wurde. Zweimal hatte man uns die Glocken genommen. Im Ersten Weltkrieg mußte 1917 eine Glocke abgeliefert werden. Danach wurde das Geläut zwar wieder vervollständigt, aber der Zweite Weltkrieg raubte uns wieder zwei unserer Glocken, dazu das schöne schmiedeeiserne Geländer, das unser Kirchengebäude umgeben hatte.

1949 entschlossen sich die Langsdorfer Bürger zum Bau eines gemeinnützigen Gebäudes, das unter dem Namen »Volkshalle« am 25. Juni 1950 eingeweiht wurde. Seitdem fand die »Dorfkirmes«, die früher immer im Freien unter Zelten abgehalten wurde, in diesem Gebäude statt. Auch für manche private Feier – aus freudigen oder traurigen Anlässen – wird seitdem die Halle genutzt.

Neues Leben blühte wieder aus den Ruinen, nachdem eine – wie ich finde – beispiellose Aufbauarbeit nach dem Zweiten Weltkrieg geleistet wurde. Am Ende des Krieges hätte wohl kaum jemand gedacht, daß so etwas aus unserem nahezu völlig zerstörten und zertrümmerten Land werden könnte.

Eigentlich müßte die junge Generation voller Stolz auf die Leistungen zurückblicken, die ihre Eltern nach einem solchen Zusammenbruch vollbracht haben. Es waren leidgeprüfte Menschen, die Not und Elend der Kriegs- und Nachkriegszeit überstanden hatten. Mit zähem Fleiß, Tatkraft und Ausdauer haben sie das Land wieder zu neuem Leben erweckt.

Hatte allerdings schon der Erste Weltkrieg so manchem Bauernhaus nicht aufzuhebenden Schaden zugefügt, so hinterließ der Zweite Weltkrieg erst recht offene Wunden. Fünfundachtzig Menschenleben wurden allein von unserer kleinen Gemeinde gefordert. Und wieder einmal wurde auf dem Friedhof ein Ehrenmal errichtet. Bei all dem Leid, das mit diesen Toten verbunden war, macht man sich da schon so seine Gedanken.

Wiederaufbau habe ich es oben genannt, aber in gewisser Hinsicht war es auch jetzt wieder ein Zusammenbruch, wenn auch in anderer Form. Die hoffnungsvollen Söhne, die das Erbe der Väter hätten antreten sollen, lagen in fremder Erde. So mancher Bauer war nun gezwungen, seinen Hof aufzugeben. Dazu kam noch, daß sich die junge Generation sehr veränderte, ganz andere Gedanken, Hoffnungen und Ziele hatte. Dies alles trug dazu bei, daß aus unserem Bauerndorf etwas ganz anderes geworden ist.

Wie wird sich so mancher Vater und so manche Mutter im stillen schon gegrämt haben, daß so vieles, was über Jahrhunderte gehalten hat, jetzt mehr oder weniger achtlos zur Seite geschoben wurde. Dieses neue, moderne Leben ist vielleicht abwechslungsreicher, bequemer und auch sorgloser. Man stört sich nicht daran, wenn der Landregen die Wiesen überschwemmt oder der Hagel die Blüten zerstört. Weil man mit der Landarbeit nichts mehr zu tun hat, ist das ja auch erklärlich. Man will frei sein, macht sich aber im Grunde selbst, ohne es zu merken, zum Sklaven. Leider sind es nur noch wenige, die ihre Wurzeln am angestammten Platz haben. Aber vielleicht muß man Bauersfrau sein wie ich, um das so zu sehen.

*

Am 1. August 1951 wurde unser Walter 13 Jahre alt, und ausgerechnet an diesem Tag verunglückte er zum zwölften Mal. In der Schulpause brach er sich in seiner Hungener Schule das Bein. Eine Lehrerin brachte ihn in ihrem Auto ins Licher Krankenhaus. Dieser »Pechvogel« hatte mich nun wirklich von seinem ersten Lebenstag an in Bewegung gehalten.

Durch eine vernachlässigte Magen- und Darmentzündung schrie er in den ersten Lebensjahren stundenlang – Tag und Nacht. Und wie schon erwähnt, verunglückte er in dreizehn Lebensjahren zwölfmal.

1952 wurde Walter konfirmiert. Wir Eltern erlaubten ihm, von dem geschenkten Geld ein Fahrrad zu kaufen. Etwas, das wir uns besser hätten überlegen müssen, denn schon nach acht Tagen wurde ihm das Rad zum Verhängnis. Durch seine Unvorsichtigkeit erwischte ihn beim Überqueren der Hauptstraße ein Auto. Er landete auf der Kühlerhaube, kam aber mit dem Schrecken davon. Das neue Fahrrad war freilich vollständig demoliert.

Bei diesem Vorfall erinnerte ich mich an meine Jugendzeit. Als ich meinen Vater seinerzeit um ein Fahrrad anbettelte, antwortete er mir: »Noa, noa, eas gebt koa Foahrroaad! Wollsde noach eronner schmeiße? Wu dou hiewillst, kannsde hie laafe. Eann wann dirsch so weit eaß, do onne lääft die Eiseboh. (Nein, nein es gibt kein Fahrrad! Willst du auch davon noch runterfallen? Wo du hinwillst, kannst du laufen. Und wenn es dir zu weit ist, da unten fährt die Eisenbahn.)«

Und was Vater sagte, wurde respektiert. Die alte Paula läuft heute noch auf »Schusters Rappen«.

Im Herbst desselben Jahres wurde das Gerichtsverfahren wegen der Rückerstattung am Landgericht Gießen abgeschlossen. Zu diesem Endtermin mußten mein Mann, der Bürgermeister sowie zwei weitere bekannte Persönlichkeiten erscheinen. Die Verhandlung wurde dermaßen heftig geführt, daß der Bürgermeister mit seinen Begleitpersonen bat, das Amtszimmer verlassen zu dürfen. Den starken Männern ging diese Prozedur an die Nerven. Das bedeutete, ich als Frau mit nichts als Volksschulbildung mußte mich mehr als zwei Jahre lang mit gewieften Rechtsanwälten herumplagen. Und das alles, weil wir kein Geld hatten. Erst als ich gesundheitlich nicht mehr weiter wußte, nahm ich mir doch einen Rechtsanwalt aus Lich.

Die Forderung an uns lautete: Wir sollten das reell gekaufte und unter schweren Opfern bezahlte Anwesen kostenlos zurückgeben, weil es laut Rückerstattungsgesetz als nicht verkauft galt. Dazu sollte Miete für die zurückliegenden Jahre bezahlt werden.

Sogar das Obst von den drei Bäumen, die damals noch an der Hausmauer standen, wurde uns berechnet. Und das zu Preisen, die einfach unverschämt waren. Alles in allem hätten wir noch 50000,- Mark zahlen müssen. Alles im Stich lassen und dann noch solch unerhörte Summe zu zahlen – das hätte unseren Ruin bedeutet. Insofern mußten wir mit dem Ergebnis nach dreijährigem Kampf noch zufrieden sein.

Der Rückerstattungsbetrag mit allen Kosten, die zu unseren Lasten gingen, mußte sofort bezahlt werden. Aber wo sollten wir so viel Geld hernehmen?

Bei dem damals gültigen Zinssatz von 15 Prozent konnten

wir keinen Bankkredit aufnehmen. Also mußte ich notgedrungen versuchen, privat etwas aufzutreiben. Aber ohne Erfolg. Wie ein Bettler kam ich mir immer vor, wenn ich wieder einmal unverrichteter Dinge von einem meiner Bittgänge kam. Das Verfahren war am Ende, aber das harte Ringen hatte seine Spuren hinterlassen.

Melancholie wollte sich meiner bemächtigen, ich konnte kaum noch schlafen und kam aus dem Simulieren nicht mehr heraus. Ich dachte an Mutters Wort: »Zieht nicht in die Murregasse, bleibt in Lobetal.« Ja, statt die Tage mit Bitten, Loben und Danken zu füllen, wo uns doch der Herr das Dach über dem Kopf erhalten hatte, versackte ich immer tiefer im Resignieren. Ich haderte immer mehr mit mir, wollte an Gott und der Welt verzweifeln. Ach, es ist nicht so einfach, wenn des Lebens Härte über einen hereinbricht und sich zugleich der »Allesdurcheinanderwerfer« mit zur Türe hereinschleicht, um seinen Preis zu kassieren.

Die Leute im Dorf redeten auf mich ein: »Nimm deine Kinder von der Schule, die müssen jetzt Geld verdienen!« Aber ich dachte an meine Jugendzeit. Obwohl ich es damals hingenommen hatte – wie sehr habe ich mein ganzes Leben lang darunter gelitten, daß ich nichts lernen konnte. Dabei mußte ich mir sagen: »Deine Eltern haben dich doch auch sehr geliebt und das nach ihrer Ansicht einzig Richtige für dich getan.«

Aber dann kam es doch wieder: »Nein, ich will nicht versuchen, die Kinder unter unsere Wünsche zu zwingen.« Außerdem: Ein Zerwürfnis mit den Kindern wollte ich nicht heraufbeschwören.

Mein geringes Gottvertrauen wurde beschämt, als mir Pfarrer H. unerwartet das erforderliche Geld zur Verfügung stellte. Eine große Sorge war von uns genommen!

Natürlich mußten Mittel und Wege gefunden werden, um diese große Summe abzubezahlen. Das erwies sich dann aber als gar nicht so schwer. Unsere Pläne paßten gerade in diese Frühherbstzeit. Sofort wurden größere Flächen

Erdbeeren angebaut und Spargelgräben ausgehoben, damit diese über Winter ausfrieren konnten. Hier sahen wir eine gute zusätzliche Einnahmequelle, wenn wir uns auch nicht recht klarmachten, welche Arbeit damit auf mich zukam. Gut war, daß der Winter damals verhältnismäßig früh seinen Einzug hielt und die Felder in seinen weißen Mantel hüllte. Dadurch war alle Außenarbeit zu Ende, und ich konnte mich – von der Haus- und Stallarbeit einmal abgesehen – meiner geliebten Näharbeit widmen. Weil in diesen Jahren noch alles Anziehbare selbst geschneidert wurde, gab es bei unserer großen Familie viel zu tun. Um daneben noch die immer größer werdende Kundschaft zu »benähen«, mußte ich oft die Nacht zum Tage machen. Sicher, viel Arbeit. Aber ich hatte viel Freude daran und war dankbar dafür, daß ich all die vielen unterschiedlichen Arbeiten tun konnte.

*

Allmählich kamen wieder die Frühjahrsarbeiten. Durch Elektrizität und immer mehr Maschinen war die Arbeit inzwischen sehr erleichtert. Ich fand das sehr gut. Nur hatten wir durch die Rückzahlerei so wenig Geld, daß wir auf all diese Annehmlichkeiten verzichten mußten.

In dieser Zeit war auch mein Vater ganz in unsere Familie gekommen. Er hatte noch als »Erbschaft« des Ersten Weltkriegs – er war in einem berittenen Dragonerregiment gewesen – zwei offene Beine, wobei sich dieses Leiden im Laufe der Jahre sehr verschlimmert hatte. Und das bedeutete immer einen großen Wäscheberg. Eine Neuanschaffung erschien mir deshalb besonders verlockend: eine Waschmaschine.

Schon im April konnten wegen der günstigen Witterung die jungen Spargelpflanzen in die vorbereiteten Gräben gesetzt werden. Die erste Erdbeerernte war natürlich auch schon in diesem Jahr fällig. Was weniger angenehm war: Heu- und Erdbeerernte verliefen zur selben Zeit. Schon in der ersten Reifesaison hatten wir einen guten Ertrag, aber in den nächsten Jahren kamen oft bis zu fünf Zentner Erdbeeren zusammen.

Die Erdbeeren mußten morgens nach dem Füttern und vor dem Gang zur Wiese gepflückt und zum Verkauf bereitgestellt werden. Um den Wünschen der Kundschaft immer gerecht zu werden, mußte oft abends nach der harten Tagesarbeit noch einmal gepflückt werden. Auch das Heumachen war damals – gemessen an dem heutigen maschinellen Betrieb – eine schwere Arbeit; besonders für Menschen, denen die heiße Sonne sehr zusetzte. Nachdem das gemähte Gras am ersten Tage zweimal mit dem kleinen Rechen gewendet worden war, wurde es gegen Abend »gekegelt«. Am anderen Morgen wurden diese Haufen wieder »gezisselt« (auseinandergeschüttelt), und das Wenden fing von vorne an.

Hatte es die Sonne gut gemeint, konnte das dürre Heu am Nachmittag eingefahren werden, wobei das Abladen auch nicht gerade zu den vergnüglichen Arbeiten gehörte; besonders für den, der das Heu oben unter die Dachziegel stopfen mußte. Danach hätte jeder seine Nachtruhe wohlverdient. Aber wie oft mußte ich dann die ganze Nacht im Schweinestall zubringen, wenn die kleinen Ferkelchen zur Welt kamen. Aber ich hatte Tiere schon immer liebgehabt, und die Arbeit auf dem Feld machte mir Freude – deswegen war alles nicht so schlimm.

Kaum waren die letzten Erdbeeren gepflückt, mußte schon wieder für die kommende Ernte gesorgt werden. Die Stauden wurden entrankt, die Anlage vom Unkraut befreit und nach kräftigem Düngen durchgegraben. Die stark treibenden Ranken mußten bis zum Herbst noch etliche Male entfernt werden.

Frühjahr 1954. Man durfte sich wieder an dem Grün der jungen Saat erfreuen, die den kalten Winter gut überstanden hatte. Mit der Saat gedieh freilich auch das Unkraut, und das rauszuziehen war ein mühseliges Geschäft. Manchmal mußte man tagelang »in die Disteln gehen«. Das galt vor allem für das Kornfeld. Die Weizenäcker wurden meistens mit ganz schmalen Häckchen, die zwischen die Saatreihen paßten, gehackt. Das Hederichrupfen in Gerste- und Haferfeld war auch sehr mühsam. Manchmal konnte man nach Feierabend vor Rückenschmerzen kaum noch gerade gehen. Aber es war Ehrensache für die Bauern, gepflegte Felder zu haben.

Heute gehört das alles der Vergangenheit an. Die Giftspritze sorgt dafür, daß sich die Frauen auf dem Feld nicht mehr krumm und bucklig arbeiten müssen. Kunstdünger wird üppig auf die Felder gestreut, ohne daß jemand daran zu denken scheint, wie sehr der Boden dadurch ausgelaugt und zerstört wird. In Psalm 24,1 heißt es, daß die Erde des Herrn ist. Dürfen wir denn da wirklich so mit ihr umgehen? Ich denke, wir sollten eher verantwortliche Pächter der Erde sein, nicht deren Plünderer und Ausbeuter.

Sicher! Der Bauer von heute vollbringt vieles, was unsere Väter noch nicht einmal erahnen konnten. Aber drückt man heute einem jungen Bauern eine Sense in die Hand, kann er die noch schwingen? Ich habe das Viehfutter oft selbst mähen müssen.

*

An Ostern 1954 wurde unser Linchen konfirmiert. Wie haben wir uns alle auf diesen Ehrentag unserer Jüngsten gefreut. Ihren Weg durch den Konfirmandenunterricht hatten wir Eltern – wie bei den beiden Jungen – durch Gebete begleitet. Nun war der Höhepunkt da, der Konfirmationstag.

Vielleicht ist dieser Tag für die Kinder nicht so ein tiefes, inneres Erleben. Da stehen wohl eher die Geschenke im

Vordergrund. Und daß man sich darüber freut, das ist ja auch richtig so. Unser sehnlichster Wunsch für unser Kind aber war, daß dieser Tag es im Glauben und in seiner Bindung an die Kirche festigen möge. Unser Linchen brauchte Ermutigung, mußte wohl auch erst seine eigenen Erfahrungen machen. Unsere stille Bitte deshalb war: Herr, weise ihr Deinen Weg und leite sie auf richtiger Bahn.

Zu gerne hätte ich Linchen nach der Konfirmation zu Hause behalten, aber sie wollte unbedingt einen Beruf lernen. Worüber ich mich freute – daß sie eine Sparte wählte, die so ganz meinen Vorstellungen entsprach. Für die Hauswirtschaftslehre hatte sie sich entschieden. Das war doch wenigstens etwas Brauchbares.

*

Neujahr 1955. Wie immer baten wir an der Jahreswende den Herrn, daß er mit uns über diese Schwelle gehen und das ganze Jahr hindurch unser treuer Begleiter sein möge. Allerhand Pläne und Hoffnungen beschäftigten uns schon lange im Blick auf dieses Jahr 1955. Und das Wichtigste war ein großes Familienfest. Ob wir wirklich alles so wie geplant verwirklichen konnten?

Aber wir alle – vor allem auch unsere hochbetagten Eltern, die beide schon lange das biblische Alter überschritten hatten – durften diesen Tag erleben. Viele Vorbereitungen gingen dem großen Festtag voraus. Und weil der 16. November 1955 gerade der Buß- und Bettag war, der üblicherweise für Hochzeiten und Taufen als geschlossene Zeit gilt, mußte sogar eine Extragenehmigung bei der Kirchenleitung eingeholt werden. Aber die war damit einverstanden, daß der denkwürdige Tag eingehalten werden durfte.

Schließlich ließ sich anhand der Kirchenbücher nachweisen, daß es seit 300 Jahren in unseren Dorf ein solches Vorkommnis – eine goldene, silberne und grüne Hochzeit an einem Tag – nicht gegeben hatte. Die drei Paare an der Spitze, bewegte sich dann der große Hochzeitszug nachmittags zur Kirche, wo die Hochzeitspaare (das »grüne« in der Mitte) vor dem Altar Platz nahmen. Begreiflicherweise hatten sich viele Leute eingefunden – teils Zuschauer, aber auch Gemeindeglieder, die in Lied und Gebet und Zuhören an der Feier teilnahmen.

Der Pfarrer hielt eine schöne Predigt, in der jedes Paar zu seinem Recht kam. Den herzbewegenden Höhepunkt der Handlung bildete natürlich die Einsegnung der Paare. Dem »goldenen« Paar wurde bewußt, daß der Herr seine Verheißung an ihm erfüllt hatte: »Ich will euch tragen bis ins Alter und bis ihr grau werdet. Ja, ich will es tun, ich will heben und tragen und erretten.«

Das »silberne« Paar wurde darauf hingewiesen, daß auch heute noch das Schriftwort seines Hochzeitstages Gültigkeit hatte: »Die Liebe tut dem Nächsten nichts Böses. So ist also die Liebe des Gesetzes Erfüllung.«

Das »grüne« Paar schließlich wurde in den gewohnten Formen der Trauung unter den Segen des Herrn gestellt.

Als sich der mehr als stattliche Hochzeitszug von der Kirche zu der Festhalle bewegte, nahm wohl das ganze Dorf an diesem denkwürdigen Ereignis Anteil, zumindest als Zuschauer am Straßenrand. Zunächst wurden die Paare mit allen Gästen vor der Volkshalle im Bild festgehalten. Und dann gab es eine herrliche, wegen des Buß- und Bettages aber eher stille Feier. »Mit Jubel und Freude kommet herzu und danket im Chor unserm Vater doch heute.«

*

Sobald es im Frühjahr 1956 die Witterung erlaubte, wurden die ersten Spargelgräben hochgezogen. Anfang Mai konnten wir zum ersten Mal ernten. Morgens, schon sehr früh, mittags und abends mußte gestochen werden. Das Stechen durfte im ersten Erntejahr aber nur etwa drei Wochen dauern, damit die jungen Spargelpflanzen nicht geschwächt wurden.

Mutter war schon bei ihrer Goldenen Hochzeit von dem Leiden gezeichnet gewesen, das sie dann wenige Wochen später aufs Krankenbett warf. 1955–56 herrschte ein ungewöhnlich kalter Winter. Weil wir natürlich keine Zentralheizung hatten, mußten überall die Öfen geheizt werden. Beim Aufhängen unserer Wäsche hatte ich mir beide Hände erfroren – ein echtes Hindernis bei der Arbeit. Was waren wir froh, als die Kälte ein Ende hatte.

Trotz ihrer Krankheit zeigte meine Mutter noch ein reges Interesse an allem, was ihr arbeitsreiches Leben ausgefüllt hatte.

So strahlte sie, als wir ihr erzählten, daß junge Gänschen am Schlüpfen waren.

»Däi brengsde m'r oawer eam Kerbche eans Bett. Off den Gänser mußde oacht geäwe! Der gitt o dich. (Die bringst du mir aber im Körbchen ans Bett! Auf den Gänserich mußt du achtgeben! Der beißt dich.)«

Sie sollte recht behalten, denn ich bekam später den angriffslustigen Gänserich in unschöner Weise zu spüren. Wunschgemäß brachte ich ihr die niedlichen Vögelchen ins Bett. Mit einer liebevollen Gebärde umfaßte sie das Körbchen und sagte: »Ach, moi goure Wullerchen. (Ach, meine guten Gänschen.)«

Nun saß die Glucke noch auf ihrem Brutkorb. Auch dieses kleine Völklein mußte sie nach dem Schlüpfen erst mal im Krankenzimmer in Augenschein nehmen.

Mit staunenswerter Geduld ertrug sie ihre schwere Krankheit, zu der jetzt noch eine Lungen- und Rippenfellentzündung dazukam. Als Mutter immer schwächer wurde, beklagte sie ihren Zustand oft mit den Worten: »Ach Keand, woas mach aich dir ferre Ärwet. (Ach Kind! Was mach ich dir für Arbeit!)«

In ihrer selbstlosen Art dachte sie auch jetzt noch an sich

selbst zuletzt. Es war ihr peinlich, daß sie nun ganz auf andere Hilfe angewiesen war. Ich habe ihre Pflege nicht als Last empfunden. Konnte ich ihr doch damit ein Kleinteil davon zurückgeben, was sie an liebevoller Fürsorge zeitlebens für ihr Kind getan hatte.

Am 25. Juli wurde sie dann von ihrem schweren Krebsleiden erlöst. Unsere Mutter und liebevolle Oma, die alle Höhen und Tiefen ihres Lebensweges mit so großem Gottvertrauen gemeistert hatte, war uns allen ein Vorbild gewesen. Ihr wollte ich immer nacheifern. Aber wenn ich aufrichtig bin, muß ich mir doch eingestehen, daß ich es ihr in so manchem nicht nachtun konnte.

*

1956 wurde auch die neue Langsdorfer Schule gebaut. Das alte Gebäude, das ehemalige Herrenhaus, in dem ich acht Jahre zur Schule gegangen war, mußte dem Verkehr weichen. Schade! Die schönen Stuckarbeiten in dem herrschaftlichen Gebäude sind mir unvergessen geblieben.

Im September dieses Jahres passierte noch etwas Schreckliches. In unserem so ruhigen Dorf wurde Linchen, die zur Nachtzeit noch unterwegs war, von einem Sittenstrolch vom Fahrrad gezerrt. Sie wehrte sich heftig und mußte deshalb mit schweren Verletzungen ins Krankenhaus. Nachdem die Polizei den Täter nach drei Wochen ausfindig gemacht hatte, wurde er in Gießen am Gericht verurteilt.

Die Sache mit Linchen hatte mir so zugesetzt, daß am Tag darauf mein Herz streikte. Beim Grummetmachen, das ich auf drei Wiesen alleine erledigt hatte, bekam ich auf dem Nachhauseweg einen Herzanfall und blieb am Straßenrand liegen. Dort entdeckte mich ein Bauer, der mit seiner Frau noch bei Dunkelheit mit dem Traktor von der Häuserwiese kam. Kaum hatten sie mich auf das Fahrzeug gelegt, bekam ich einen zweiten Anfall und stürzte vom Traktor. Dabei verfing ich mich mit dem Wadenbein in einem starken Haken. Mit dem Kopf nach unten hing ich da. Die beiden befreiten mich aus meiner schlimmen Lage und umwickelten, so fest es ging, notdürftig oberhalb der Wunde das Bein, damit das Bluten zum Stillstand kam. So schnell wie möglich brachten sie mich nach Lich ins Krankenhaus, wo meine Wunde genäht wurde. Viele Wochen dauerte es, bis mein Bein wieder in Ordnung kam.

Die Alten sagen immer: »Ein Unglück kommt selten allein, oft gesellen sich drei zueinander.« Und genau so war es auch bei uns. Als Linchen und ich noch im Krankenhaus lagen, holte sich Walter bei einem Motorradunfall einen komplizierten Armbruch.

Nach unserer dreifachen Hochzeit im November 1955 hatten sich die jungen Leute im Dachgeschoß ihr Schlafzimmer eingerichtet. Jetzt hielt der verfrühte Winter mit ungewöhnlich starker Kälte seinen Einzug. Das Zimmer war ohnehin schon extrem kalt, und unsere Schwiegertochter erwartete im Dezember ihr erstes Kind. Wenige Wochen zuvor bekam sie – vielleicht wegen der Kälte – eine Rippenfell- und Lungenentzündung. Der Hausarzt bat mich, doch unser Schlafzimmer den jungen Leuten zur Verfügung zu stellen. Wir befolgten seinen Rat und verlegten unser Schlafquartier in Nachbars Waschküche. Die 56 Treppenstufen zum Zimmer im Dachgeschoß hätte ich auf Dauer nicht geschafft. Unsere Schwiegertochter wurde zu unser aller Freude wieder gesund und konnte am 14.12. einem gesunden Mädchen das Leben schenken.

*

1958 kam dann die Feldbereinigung. Die Herren, die für diese Arbeit in unserer Gemarkung zuständig waren, suchten Quartiere, und der Bürgermeister hatte uns empfohlen. Mir war es recht, denn wir mußten schließlich jede Möglichkeit zum Geldverdienen nutzen.

1959 hatten wir an unserem Haus großen Ärger. Schon seit Jahren waren bei jedem heftigen Gewitterregen drei unserer Kellerräume überflutet. Was so was bedeutet, brauche ich sicherlich nicht zu beschreiben. Inzwischen waren die Wände so durchnäßt, daß wir irgendwie Abhilfe schaffen mußten. Wir beauftragten eine für solche Arbeiten zuständige Firma. Die legte die Mauern zwar trocken. Aber dann ging sie in Konkurs, und die notwendigen Wartungsarbeiten konnten nicht mehr durchgeführt werden. Einige tausend Mark – mühseligst erarbeitet und zusammengespart – waren dahin.

Weil ich die Arbeit allein nicht mehr schaffen konnte und eine Hilfe nicht in Sicht war, wurde 1959 vor Weihnachten der Gänsestall für immer geräumt. Ich war ein bißchen traurig, daß auch diese Zucht jetzt der Vergangenheit angehörte. Das mühselige Rupfen der Gänse, das sich alle sieben Wochen wiederholte und das Federnschleißen im Winter aber war nicht jedermanns Sache. Doch es war der Stolz einer jeden tüchtigen Mutter gewesen, die Aussteuerbetten ihrer Kinder mit selbst gerupften Federn zu füllen.

1960, am 27. August, war dann Linchens Hochzeit. Auch das war wieder ein Tag, der schon in der Frühe mit großer Aufregung begann. Genau wie in ihrem ersten Lebensjahr, wo uns die Wasserfluten durch Unachtsamkeit der Nachbarn bald ersäuften und in unseren Kellern das Wasser 75 cm hoch stieg, wurden wir am Hochzeitsmorgen von einem ungewöhnlich schweren Gewitter überrascht. Kaum jemand hatte in der Aufregung bemerkt, daß ein Gewitter heranzog. Da brach auf einmal ein mächtiger Sturm los. Es wurde unheimlich dunkel, die Blitze zuckten unentwegt am Himmel, und die Donnerschläge versetzten uns in panische

Angst. Ein solch schreckliches Gewitter hatte von uns noch niemand erlebt, und es ist auch in meinem Leben bis jetzt nicht wieder dagewesen.

Weil früher die Hochzeitsfeiern – und bei Linchen waren wir immerhin 120 Personen – im Hause gefeiert wurden, war alles Erforderliche an Kuchen, Fleisch und Gemüse in den Kellern untergebracht. Das Wasser kam so schnell, daß wir es nicht schafften, alle Vorräte in Sicherheit zu bringen. Vieles ging im Wasser, in Schlamm und Dreck unter. Was dann auf dem Hof los war, paßte nun wirklich nicht zu einer Hochzeitsfeier.

Um 15.00 Uhr riefen die Glocken zur Kirche – und noch eine halbe Stunde vorher sahen der Bräutigam und die Brautmutter in ihren verdreckten Gewändern alles andere als hochzeitlich aus.

1960 gab es für uns wieder einen großen Ruck nach vorn: Der Mähdrescher löste die Dreschmaschine ab. Gut war es, daß man diesen Dreck und Staub nicht mehr zu schlucken brauchte. Aber auch dieser Fortschritt hatte seinen Preis – vor allem für den Landwirt, der kein Gebläse hatte. Als die Dreschmaschine noch auf den Hof kam, schleppten die sogenannten »Sackträger« die ausgedroschene Frucht auf den Speicher. Jetzt mußten wir diese schwere Arbeit selbst tun.

Der Dreschmaschinendreck aber hatte meinen Mann weniger gestört. Viele Jahre war er tagtäglich zur Spätsommerzeit beim Dreschen dabeigewesen. Mit der schweren Dampflokomobile, mit der die Dreschmaschine betrieben wurde, waren die drei zur Mannschaft gehörenden Männer nicht nur im Dorf selbst, sondern auch in den umliegenden Ortschaften tätig gewesen. Bis in den hohen Vogelsberg waren sie mit diesem Gespann gefahren.

Inzwischen war die Flurbereinigung abgeschlossen, und so konnten wir 1961 zum ersten Mal die neu eingeteilten Felder bestellen. »Franzosenkraut« in rauhen Mengen hatte mir diese Neueinteilung beschert. Soviel von diesem Unkraut hatte ich in meinem Leben noch nicht gezupft. Den ganzen Tag mit krummem Rücken – in meinem Alter war das schon beschwerlich. Schlimmer traf mich allerdings, daß ich auch meinen schönen Garten verlor. Ein neuer mußte angelegt werden. Obwohl das uns zugeteilte Grundstück näher beim Haus lag, mußte dieses Wiesengelände überhaupt erstmal zu einem Garten gemacht werden. Im Herbst wurde die Wiese umgegraben, und im Frühjahr bepflanzten wir das Land mit Kartoffeln. Erst im Jahr darauf konnten wir damit beginnen, den Garten anzulegen. Und das machte mir mal wieder viel Freude, ich war so ganz in meinem Element.

*

1961 verheiratete sich unser zweiter Sohn. Die Hochzeit fand im August mit 95 Personen auch bei uns statt. Dennoch – nach all der Aus-, Um-, Einräumerei im Haus – freute sich niemand mehr als ich, daß es die letzte Prozedur dieser Art gewesen war.

Daß – ungeachtet aller Vorteile und Bequemlichkeiten – auch die Technik ihre Schattenseiten hat, erfuhren wir mit einem Acker Korn. Nachdem es wochenlang geregnet hatte, konnte der Mähdrescher nicht eingesetzt werden. Als das Wetter dann besser wurde, konnte zwar gemäht werden, aber die Körner waren so schlecht, daß kein Mehl daraus gemahlen werden konnte. Und von dem Mehl wurde doch das ganze Jahr über für unsere große Familie Brot gebacken.

Das gleiche Malheur hatten wir mit einem Weizenfeld. Obwohl auf Tag und Stunde gewartet wurde, wo es endlich gemäht werden konnte, paßte es dann doch nicht. Ich hatte beide Hände im Teig für die Hochzeitskuchen, als der Bescheid kam, daß der Mähdrescher auf dem Weg zum Acker sei und ich sofort Säcke hinbringen müsse. Was war zu machen? Order war Order! Auf dem Acker angekommen, mußte ich feststellen, daß der Schaden auch hier extrem groß war. Als der Neffe kam, um die Frucht heimzufahren, sagte er: »Mit dem ›Zeug‹ kannst du nichts mehr anfangen! Ich fahre es gleich auf die Schutthalde.« Was hatten wir uns auf die verheißungsvolle Ernte gefreut. Und nun solch ein Ergebnis.

*

Im Sommer 1962 hatten zwei Bienenzüchter einen Bienenkorb aufgestellt – in einer Hecke am Wegrand gut versteckt. Der Bürgermeister, der davon nichts wußte, beauftragte am anderen Morgen meinen Mann und einen Bauern, eben dieses Weggelände zu säubern. Ahnungslos fuhren die beiden mit ihrem Arbeitsgerät den Bienenstock über den Haufen.

Der Bauer flüchtete mit seinem Fahrzeug, aber Heinrich wurde das Opfer. Das wildgewordene Bienenvolk fiel buchstäblich über ihn her. Er wälzte sich am Boden, konnte die Bienen aber nicht abschütteln. In seinem Körper war so viel Bienengift, daß er die Arbeit abbrechen mußte.

Mit Müh und Not schleppte er sich nach Hause. Inzwischen wirkte das Gift, und er fiel ohnmächtig zu Boden. Der Arzt, der zufällig in der Nähe war, gab ihm sofort zwei Spritzen. Wobei der Bürgermeister, der dabeisaß und von der Zwecklosigkeit des Ganzen überzeugt war, mich mit den Worten »aufrichtete«: »Eas eaß doch sowäiso alles verbei. (Mit dem ist es doch sowieso vorbei.)«

Der Arzt erwiderte: »Jetzt nur mal Geduld! In einigen Minuten muß das Leben wiederkommen.« Und – Gott sei Dank! – er hatte recht.

Dr. K. sah es als glückliche Fügung an, daß er am Morgen in der Praxis die Spritzen eingesteckt hatte, die ihm als Muster von einem Vertreter gegeben worden waren. Hätten wir die erst holen müssen, wäre es wohl zu spät gewesen. Mir freilich war klar, welch »glückliche Fügung« auch diesmal die schützenden Hände über uns gehalten hatte.

Nach der Meinung des Arztes war mein Mann in kurzer Zeit wieder in Ordnung. Wir fanden das auch. Aber eine Röntgenaufnahme bewies das Gegenteil. Weil man meinem Mann die Überprüfung des Wasserbassins übertragen hatte, mußte er jedes Jahr einmal nach Gießen zur Untersuchung ins Gesundheitsamt. Und hier gab es Unklarheit bei einem Durchleuchtungsbefund. Man fand das Bild sonderbar, wußte aber nicht, was damit nicht stimmte. Von seiner »Bienengeschichte« hatte Heinrich nichts erzählt, und so mußte er dann noch einmal auf das Amt, um die Sache zu klären. 1963 kam Heinrich in die Heilstätte Schotten.

Mein Mann fühlte sich dort wohl, aber zu Hause lief wieder alles schief. Kaum hatte ich die noch anstehende Feldarbeit hinter mich gebracht, war schon die erste Bescherung da. Während ich hinter der Hofreite mit Fensterkitten beschäftigt war, hatte sich in der Küche durch meine Unvorsichtigkeit ein Schwelbrand entwickelt. Als ich – durch den Rauch aufgeschreckt - zum Haus lief, hörte ich schon am Hoftor das Klirren der zerplatzenden Fensterscheiben.

Was passiert war, konnte ich mir schon vorstellen. Ich hatte nämlich Vaters Verbandmaterial, das ja immer wieder gewaschen wurde, über den Herd gehängt. Vielleicht durch einen Luftzug war ein Teil davon auf die Herdplatte gefallen und hatte zu brennen angefangen. Dann hatte das Feuer an der auf beiden Seiten des Herdes aufgestapelten, noch etwas klammen Bügelwäsche reiche Nahrung gefunden.

Ich band mir schnell ein feuchtes Tuch vor den Mund und die Nase, versuchte das Feuer zu löschen. Die brennende Wäsche warf ich in den Wassergraben, die Gardinen waren schon verbrannt, die Lampe lag am Boden, und die Fensterscheiben waren alle zerbrochen. Auch alle anderen Sachen in der Küche waren stark beschädigt. Daran ließ sich nichts mehr ändern. Das anschließende spitzfindige polizeiliche Verhör, wodurch die Brandursache geklärt werden sollte, war fast noch schlimmer als der Brand selbst.

Zwei Tage vor Weihnachten merkte ich, daß es bei unserer besten Milchkuh scheinbar zum Verkalben kommen sollte. In der Hoffnung, einen erfahrenen Bauersmann zu Rate ziehen zu können, lief ich vors Hoftor. Und tatsächlich! Ich hatte Glück – es kam gerade einer! Doch auf meine Bitte: »Komm doch mal mit mir in den Stall. Ich glaube, daß eine Kuh verkalben will«, bekam ich zur Antwort: »Doas verstiesde groad so gout wäi aich! ( Das verstehst du so gut wie ich!)«, und er ging glatt weiter. »Nächstenliebe« praktisch geübt war das nun gerade nicht.

Am anderen Morgen stellte ich zu meinem Erschrecken fest, daß wir von Wanderratten heimgesucht wurden. Sie »wanderten« zwar innerhalb von drei Tagen weiter, doch man sollte nicht glauben, was solche Tiere in wenigen Tagen für einen Schaden anrichten können.

Wieder war Weihnachten – und diesmal ohne unseren Vater. Einerseits bedrückte uns das, andererseits aber waren wir sehr froh und dankbar, daß es ihm wieder besserging.

Im Januar sah es wieder so aus, als wollte ein Unglück das andere ablösen. Ich stürzte in der Scheune aus ziemlicher Höhe von einem Balken durch ein morsches Gerüst, landete aber zum Glück auf dem Heu. Nichts war gebrochen, aber die starken Prellungen waren sehr schmerzhaft. Ruhe sollte ich halten – aber wie, das hatte mir keiner gesagt.

Morgens, zwei Tage später, lähmte mir der Schreck fast die Glieder, als ich in den Kuhstall kam. Die vorn stehende Kuh war verschwunden, und die daneben stehende versuchte vergeblich, sich aufzurichten.

Wie erleichtert war ich, daß ich nicht allein hier stand, sondern daß mir meine Schwiegertochter half. Zu zweit wagten wir uns näher und entdeckten die Vermißte im angrenzenden Schweinestall. Durch die jetzt sehr straff gespannte Kette war sie am Ersticken. Aber unsere Kräfte reichten einfach nicht.

5.00 Uhr in der Früh. Die Nachbarschaft lag noch im Schlaf. Das bedeutete: Wir mußten die Männer aus dem Schlaf reißen, um das Leben der Kuh zu retten. Schneller als gedacht war Hilfe da. Die Männer rissen die Trennwand nieder und sägten mit einer Eisensäge die Kette durch.

Was waren wir froh, als die Kuh, nachdem sie wieder Luft bekam, aufsprang. Es hätte nur noch Minuten gedauert, sagte einer der Männer. Aber wie konnte so was nur passieren? Wahrscheinlich hatte die eine Kuh ihre Stallgefährtin so bedrängt, daß sich das arme Tier derart dicht an die Trennwand gepreßt hatte, daß es durch diese Abwehrstellung zum Überkippen gekommen war. Wie durch ein Wunder war alles gut verlaufen. Sogar die drei Schweine in diesem Stall waren unversehrt geblieben.

Weil die Kuh ein paar Tage nicht aufstehen konnte, mußte sie im Liegen gemolken werden – eine anstrengende Mehrarbeit. Wie oft mußte ich damals die schweren Milchkannen dem Milchfuhrmann hinterherschleppen.

Von der nun im Dorf grassierenden Maul- und Klauenseuche blieben wir verschont. Doch nachdem die Seuche erloschen war, mußte der angesammelte Mist auf das Feld gefahren werden. Bis wir beiden Frauen mit dieser Arbeit fertig waren, war die Krankheit noch einmal ausgebrochen; d.h., es durfte weder Jauche noch Mist gefahren werden. Die letzte Fuhre Mist stand bei uns freilich noch auf dem Hofe. Sofort wurde uns vom Bürgermeister das Mist fahren verboten.

Ob wohl einer von den Männern ahnte, mit welcher Not wir beiden Frauen den speckigen Mist aus der 1,50 m tiefen Grube heraus auf den Wagen geschafft hatten?

Aber nicht, daß es damit genug gewesen wäre. Der von der Kette gerissene Ochse fand durch die offene Stalltüre den Weg auf den Hof und stürzte in die tiefe Mistkaute. Wieder mußten hilfreiche Männer herbei, die das Tier mit großer Anstrengung aus seiner mißlichen Lage befreiten und in den Stall brachten.

Doch auch dieser aufregende Winter ging zu Ende, und es wurde wieder Frühling. Die erfreuliche Nachricht, daß mein Mann bald heimkommen würde, ließ uns alle unangenehmen Ereignisse mehr oder weniger vergessen. Am 12. Mai 1964 – ich weiß es noch wie heute – kam Heinrich nach Hause. Noch ein letztes Mal wurde ich auf die Probe gestellt, und ich habe mich damals ziemlich schlecht bewährt.

Heinrich war unterwegs und ich allein zu Hause. Da merkte ich, daß eine Kuh kalben wollte. Nachdem ich ein Kälbchen ans Licht der Welt gebracht hatte, sah ich zu meinem Schrecken, daß noch ein zweites kommen sollte. Aber so sehr ich mich auch anstrengte, meine Kräfte reichten nicht, und das Tier mußte ersticken.

Als Heinrich nach Hause kam und mich in meiner Verzweiflung sah, sagte er spontan: »Etz hosde dich genungk gebloogt! Etz eaß eas genungk! Ean, d's Reandvieh kimmt fort. (Jetzt hast du dich genug geplagt! Jetzt ist Feierabend damit! Das Rindvieh kommt fort.)«

Gesagt, getan! Heinrich machte sein Wort wahr.

Oawwer met de Bloog woarsch neat ohm Enn. (Aber mit der Plage hatte es noch kein Ende.) Jetzt wurde die Schweinezucht vergrößert, und die Paula mußte sich manche Nacht um die Ohren schlagen, wenn die kleinen Ferkelchen zur Welt kamen.

1964 begann unsere Tochter mit ihrem Mann den ersten Hausbau. Ausgerechnet damals hörte es überhaupt nicht auf zu regnen, und dadurch wurden die Bauarbeiten sehr erschwert. Das Material mußte oft bei Nacht angeliefert werden. Unvergeßlich bleibt mir eine Tour, bei der unser Fahrer mit seiner schweren Ladung um 2.00 Uhr nachts in der Wiese versank, und wir die Hohlblocksteine durch den aufgewühlten Schlammboden noch ein beträchtliches Stück schleppen mußten. Trotz alledem – nach gut einem Jahr Bauzeit konnten sie einziehen.

Am 1. Juli dieses Jahres fing mein Mann an, bei der Firma S. in Lich zu arbeiten. Endlich hatte er eine Arbeit, die ihm auch einen angemessenen Lohn einbrachte.

Wohl damit wir nicht aus der Übung kamen, begann unser Sohn Walter mit seinem Hausbau in Lich. Das Haus wurde auf einem nur mit vieler Mühe zu bearbeitenden Berggelände errichtet. Die Anlage um das Haus herum machte dann nicht viel weniger Schwierigkeiten. Aber ich hatte Ehrgeiz, und auch um Geld zu sparen, übernahmen wir weitestgehend diese Arbeiten. Das Pflanzen war nun einmal mein Hobby. Außerdem, was man aus Liebe tut, geht noch mal so gut. Nach Feierabend holte mich Heinrich oft ab, und heim ging's mit dem Handwagen auf »Schusters Rappen«.

1967 verabschiedete sich unsere letzte Gemeindeschwester, die Katharina R. Ich hatte ihr so viel zu verdanken. Was hatte sie mir nicht geholfen bei der monatelangen Krankheit meiner Mutter.

Fast dreißig Jahre hatte sie mehr als segensreich in der Gemeinde gewirkt. Ihre Vorgängerin war sogar über vierzig Jahre in Langsdorf tätig gewesen. Als Kind hatte man mich oft zu Schwester Kätchen in die Weidegasse geschickt, wo sie ihre Wohnung in einem Bauernhaus hatte. Als wir ein neues Pfarrhaus bekamen, wurde die Schwesternwohnung in das alte Pfarrhaus verlegt.

1967 übergaben wir unser Anwesen unserem ältesten Sohn.

*

Und nun waren wir eigentlich Rentner. Aber wie sah unser Ruhestand aus? Daß mein Mann jetzt zu Hause war, freute vor allem uns Frauen. Konnte er uns doch jetzt die schweren

Arbeiten abnehmen. Im Frühjahr das Hochziehen der Spargelgräben und das Spargelstechen. Auch was die Wege anbelangte, war es für ihn viel leichter, weil er ja alles mit dem Fahrrad erledigen konnte. Ich dagegen mußte zu Fuß in den Steinbruch und in die entgegengesetzte Richtung, an die Hungener Straße.

Weil mir die Sonne immer schwer zu schaffen machte, war ich jetzt doppelt froh, daß ich nun in der Morgenfrühe meine anderen Arbeiten erledigen konnte. Hauptsächlich die Hackarbeit. Wer morgens in aller Frühe das Erwachen der Natur noch nicht erlebt hat, dem ist vieles entgangen. Wie tut die Stille der Natur so wohl, und welch herrlichen Anblick bietet der Sonnenaufgang. Wenn dann noch die Lerche erwacht und ihr Lied trillert, da muß man einfach mitsingen! Und wie oft habe ich gesungen: »Morgenglanz der Ewigkeit, Licht vom unerschöpften Lichte . . .«

1970. In den drei jungen Familien wuchsen nun Enkel zur Freude ihrer Eltern und Großeltern heran. Wenn ich sie so beobachtete, war ich insgeheim dankbar dafür, daß sie sich alle bei weitem nicht so verrückte Streiche ausdachten wie meine zwei Jüngsten. Denn die waren ja immer mit von der Partie. Aber bei aller Aufregung, die es oft gab – im Grunde waren es harmlose Dinge. Um im Bild zu bleiben: Noch traten sie der Mutter in den Schoß, erst später dann aufs Herz.

Im Winter 1970/71 gab es die letzte Hausschlacht. Natürlich bildeten wir uns ein, daß unsere Entscheidung richtig war. Aber zeitlebens hatten wir immer eigene Fleisch- und Wurstwaren greifbar im Hause. Und da bedeutete es jetzt doch eine große Umstellung. Und schließlich: Hatte es nicht richtig Spaß gemacht, jemanden mal mit einem herzhaften Stück »Hausmacher« zu erfreuen?

1971, am ersten Pfingstfeiertag, konnte ich am Fest der Goldenen Konfirmation teilnehmen. 1921 war ich zusammen mit elf Altersgenossen konfirmiert und zugleich aus der Schule entlassen worden.

Welche Pläne und Hoffnungen hatten wir damals für unser Leben ... Der Weg eines jeden ist anders gewesen, und wieviele Enttäuschungen hat es gegeben.

Wir »Mädchen« waren an diesem Festtag noch vollzählig, aber von den »Jungen« hat nur einer den Ehrentag erlebt. Zwei waren im Krieg gefallen, drei schon verstorben.

In seiner Predigt erinnerte uns Pfarrer H. daran, wie der treue Herr uns durch alle Irren und Wirren in den vergangenen fünfzig Jahren geführt hatte. Und auch wenn dieses Führen oft nicht unseren Vorstellungen und Wünschen entsprochen hätte, so sollten wir doch wissen und auch für die kommenden Jahre darauf vertrauen: »Du bist und wirst gehalten, auch wenn du es nicht weißt und siehst und fühlst.«

Am Nachmittag trafen wir uns noch einmal bei Kaffee und Kuchen im Hause einer Altersgenossin. Auch wenn alles mehr als einfach war: Den schönen morgendlichen Gottesdienst und das gemütliche Beisammensein am Nachmittag – ich habe es nie vergessen.

Im selben Jahr feierte unser altes Langsdorf seinen zwölfhundertsten Geburtstag. Was mag sich in dieser langen Zeit nicht alles an Freud und Leid bei unseren Vorfahren ereignet haben! Über manches Schwere haben mir Eltern und Großeltern berichtet. Aber auch davon, daß die Alten wußten, wo allein sie die Kraft für ihr Leben zu suchen hatten.

In den Nachkriegsjahren hatte sich unser altes Dorf durch die Ansiedlung vieler Vertriebener mächtig vergrößert. Ja, man kann fast sagen, daß östlich der Bahn ein neues Dorf entstanden war, das sich noch immer weiter ausdehnt. Bis zum Jahre 1956 habe ich auf unserer »Grebenwiese« und bis 1958 auf dem »Hainholz« beim Heu- und Grummetmachen geschwitzt. Und jetzt entstand dort ein Haus nach dem anderen.

1972 bewahrheitete sich der Ausspruch: Kleine Kinder kleine Sorgen – große Kinder, große Sorgen. Trübe Tage kamen, an denen sich die Sonne verbarg. Nicht draußen am Himmel. Nein, drinnen in Haus und Herz. Mir wollte – vor Kummer und Sorge – schier das Herz brechen.

Die Jahre danach waren die schwersten meines Lebens. Doch ich klammerte mich in meiner Not an Gottes Verheißungen, und so kehrte allmählich wieder der innere Friede in mein unruhiges Herz ein.

Silvesterabend. Wieder will ein Jahr Abschied nehmen, und wieder werden sich viele Leute an der Kirche versammeln – gespannt auf den letzten Glockenschlag warten. Jetzt sind die zwölf Schläge verklungen, und nun setzt das volle Kirchengeläute ein. Überall – zu Hause und auf der Straße hört man die Glückwünsche zum neuen Jahr. Und doch wird so mancher tief in seinem Herzen einen Kummer aus dem alten ins neue Jahr mitnehmen. Aber rufen die Glocken nicht jedem von uns neue Hoffnung zu?

*

1974. Kurz vor der Kartoffelernte stürzte meine Schwiegertochter von der Speichertreppe und brach sich einen Arm. Und das bedeutete: Mein Mann, mein Vater und ich mußten mal wieder allein an die Arbeit gehen.

So wie sie es immer gemacht hatten, zogen die beiden Männer mit einem Karst die Knollen reihenweise aus der Erde. Ich mußte sie auflesen, dabei sortieren und schließlich einsacken. Beim Körbe-Ausleeren vermißte ich meine Schwiegertochter sehr. So manchen Tag habe ich den Feierabend herbeigesehnt. Aber konnte ich mich vor unserem Vater blamieren, der mit seinen 95 Jahren jeden Tag ohne alles Murren diese Arbeit meisterte?

Natürlich: Unsere Methode war – verglichen mit der Maschinenernte auf Nachbars Acker – rückständig. Aber das Kartoffel-Ausmachen war wie die Hausschlacht früher auf dem Dorf immer was Besonderes gewesen. Morgens wurde der Frühstückskorb gepackt, der neben anderen leckeren Dingen die sogenannte »Schmelzerhautwurst« enthielt. Diese Wurst von der vorhergehenden Winterschlacht wurde extra für diesen Zweck aufgehoben, und sie schmeckte ganz vorzüglich.

Lebte noch eine ältere Person im Hause, dann wurde zum Mittagessen ein Korb mit gutverpackten, warmen Pellkartoffeln und eine Kanne mit heißem Kaffee auf den Acker gebracht. Meistens wurde die Kanne inmitten der heißen Kartoffeln verstaut. Die selbstgemachte »Matte« schmeckte köstlich zu den warmen Kartoffeln. Und wer wollte, konnte hinterher noch Wurst- oder Käsebrot essen. Diesen »Handkees« brachte die alte »Keesfraa« jede Woche einmal von Garbenteich. Er war ganz besonders gut. An den abendlichen »Kartoffelfeuern« hatten die Kinder – und nicht nur sie – ihre Freude. Für diese Feuer wurden die trockenen Kartoffelstengel zu Haufen geschichtet und angezündet. Um die darin weichgebratenen Kartoffeln gab es manchmal eine fröhliche Balgerei – jeder wollte die erste haben. Neben den Kindern saßen wir dann oft, müde von der harten Arbeit, aber froh und dankbar, daß wir eine so gute Ernte hatten einbringen können. Das Kartoffelfeuer – ein Sinnbild unseres bäuerlichen Lebens. Schwere Mühe und körperliche Anstrengung, auf der anderen Seite aber Freude über das, was wir erarbeitet haben und ein zwar einfaches, aber frohes Genießen.

*

Bislang war unser Vater in einem ungewöhnlich guten gesundheitlichen Zustand gewesen. Sogar von 100 Jahren hatte er schon geredet. Aber schnell sollte sich das Blatt wenden. Im Winter wurde er krank. Zu seinem 96. Geburtstag saß er noch mal bei seinen Gästen am Tisch, aber schon acht Tage später konnte er das Bett nicht mehr verlassen. Froh darüber, daß er nicht ins Krankenhaus gehen mußte, ertrug er seine Krankheit sehr geduldig. Wenn Besuch kam und fragte: »No Karl, wäi giets? (Nun Karl, wie geht es dir?)«, lautete seine Antwort immer: »Mir giets gout! Aich brauch doach wenigstens näit eans Krankehaus. Uus Paula verfläigt maich. (Mir gehts gut! Ich brauche nicht ins Krankenhaus, wo mich doch unsere Paula versorgt.)«

In den letzten zwei Monaten seines Krankenlagers mußte jede Nacht bei ihm gewacht werden. Als ich das alleine nicht mehr schaffte, mußte ich meinen Bruder um Hilfe bitten. Und er half, obwohl er selbst nicht gesund war.

Dann – zur Zeit der Kartoffelernte – hatte mein Vater ausgelitten.

Aber wir vermißten ihn überall. Mit welcher Freude hatte er für »Bratäpfel« gesorgt, hatte er uns die Äpfel mundgerecht auf den Teller gelegt. Und wer würde sich jetzt um das Bohnen- und Erbsenauslesen kümmern? Für den Vater war es eine Lieblingsbeschäftigung gewesen. Ich weiß, das sind kleine, unwichtige Dinge. Und doch sind manchmal gerade sie es, die uns das Fehlen eines lieben Menschen bewußtmachen.

*

Jedes Jahr im Oktober/November müssen die Gräber auf dem Friedhof für die lange Winterruhe vorbereitet werden. Sind sie bepflanzt, werden sie mit grünen Tannenzweigen abgedeckt und mit Waldkränzen, Trockenblumen oder ähnlichen Dingen geschmückt. Wenn wir dann nach dieser Arbeit die Reihen der Gräber und Grabsteine entlanggehen, sehen wir so manchen Namen, mit dem wir persönliche Erinnerungen verbinden.

In diesem Jahr hielt der Herbst sehr früh seinen Einzug, kahl schon die Zweige und Äste der Bäume. Die Luft nebelverhangen. Nur an wenigen Stunden gelingt es der Sonne, die trüben Tage zu erhellen. Bevor die besinnliche, von froher Erwartung erfüllte Adventszeit beginnt, denken wir an unsere Verstorbenen. Bei uns in Oberhessen spricht man von dem letzte Sonntag vor dem ersten Advent als dem »Totenfest«. An diesem Sonntag findet nach alter Sitte vor oder nach dem Gottesdienst eine Gedenkfeier für die Gefallenen der Weltkriege statt.

*

Im Sommer 1976 wurden wir von einer außergewöhnlichen Dürre heimgesucht. Die Folge war ein bedrohlicher Wassermangel. In den Gebirgsgegenden vertrocknete die Ernte vollständig. Natürlich gab es auch kein Futter, und so mußten auch bei uns die Viehbestände beträchtlich verringert werden. Die vielen Waldbrände richteten Riesenschäden an. Mit dem Warten auf Regen wuchs die Furcht vor Hungersnot und Teuerung. So mancher hat in dieser Zeit wieder das Beten gelernt.

In diesem Jahr wurde endlich auch die Langsdorfer Pfarrstelle nach zweijähriger Vakanz wieder neu besetzt. Natürlich waren wir auch während der Vakanzzeit dankbar gewesen für jede Verkündigung an den Sonntagen. Weil meist ältere Pfarrer das Predigtamt übernommen hatten und der Besuch mäßig war, hofften alle auf einen jungen Pfarrer. Vielleicht würden dann mehr Leute zum Gottesdienst kommen. Jetzt ging also ein langgehegter Wunsch in Erfüllung.

Mit Pfarrer E. bekamen wir nicht nur einen jungen, sondern auch einen ganz hervorragenden Prediger. Aber was den Kirchenbesuch anbetraf, änderte sich leider nichts.

1977 traf uns ein furchtbarer Schicksalsschlag – unser Enkel Martin starb. Am 27. Juli abends vor dem Schlafengehen brach der bildhübsche, lebensfrohe Junge vor den Augen seiner Mutter tot zusammen. Ein Herzschlag hatte seinem jungen Leben ein Ende gesetzt.

Wenn man ein Kind von elf Jahren zu Grabe tragen muß, da muß das Stillehalten Gottes Walten gegenüber gelernt werden. Bis hierher hatte mir der Herr immer die Kraft geschenkt, in Geduld zu tragen, was er uns auferlegte. Aber damals wollte ich schier verzagen. Wenn ich freilich an diese heillose Welt denke, muß ich mich manchmal fragen, ob unser Martin da, wo er jetzt sein darf, nicht doch besser aufgehoben ist?

1979 ließen wir unser Land auf die Kinder überschreiben. Auf dem Papier war alles geregelt. Aber das Leben ist doch anders. Keiner von uns – weder mein Mann noch ich – konnten tatenlos all der Arbeit zusehen. Aber allein das Umgraben von 1200 qm im Herbst war mehr als anstrengend.

1980 feierten wir dann das Fest unserer Goldenen Hochzeit. Zum drittenmal durften wir, immer in Verbindung mit den Ehejubiläen der jungen Leute, den kirchlichen Segen empfangen. Anschließend gab es eine herrliche Feier in unserer Volkshalle. Über 200 Gäste feierten mit uns. Viele alte Freunde und Bekannte waren zu dieser großen Feier gekommen, hatte ich mich doch trotz der vielen Arbeit immer darum bemüht, die Verbindung aufrechtzuerhalten. Viele, viele Briefe sind von Langsdorf auf die Reise geschickt worden. Ich selbst freue mich immer, wenn ich Post bekomme. Jeder Brief ist doch ein Zeichen, daß jemand an mich denkt, mit mir Kontakt sucht, eine Beziehung weiterführen oder vertiefen möchte. Viele Briefe waren mir so wichtig, daß ich sie aufgehoben habe und gelegentlich immer wieder mal lese. Da freue ich mich über die Beziehung zwischen dem Briefschreiber und mir, oder ich bin dankbar für so manchen guten Gedanken, für Hilfen und Ermutigungen.

Im Herbst 1981 mußte ich mal wieder das Bett hüten. Schwere Erkrankungen setzten mich vier Monate lang außer Gefecht. Dazu erlitt gerade in dieser Zeit mein Mann einen leichten Schlaganfall, der eine dreitägige geistige Verwirrung zur Folge hatte. Die Hauptpflege übernahm unsere Schwiegertochter. Unsere Tochter besorgte die Wäsche, und auch Frau S. kam morgens zur Aushilfe. Ein Wunder geschah! Wir durften beide genesen und konnten bald wieder unserer Arbeit nachgehen.

Im Mai 1982 wechselte ich den Augenarzt in der etwas naiven Hoffnung, ein anderer Arzt könnte mir besser helfen. Aber auch er kam zu keiner anderen Diagnose. Auf meine Bitte, mir die volle Wahrheit zu sagen, bereitete der Arzt mich darauf vor, daß ich bald vollständig blind sein würde. Das war hart. Aber ich mußte an das Bibelwort denken: »Ich bin der Herr, dein Arzt.« Tatsächlich ist er auch bis heute mein Arzt geblieben, denn die Prognose hat sich bis jetzt nicht bestätigt. Das linke Auge ist zwar ganz erblindet, aber mit den 20 Prozent Sehkraft des rechten Auges kann ich meine tägliche Arbeit verrichten.

*

Am 11. August 1982 feierten wir in Langsdorf das zweihundertjährige Kirchweihfest. Unser Dorf erlebte ein feierliches Jubiläumsfest, das sich vom morgendlichen Gottesdienst über den ganzen Tag ausdehnte.

Eigentlich sollte man annehmen, daß unsere Kirche mit dem daneben stehenden schönen Rathaus, das 1689 erbaut und 1921 sein neues Aussehen bekommen hatte, der Stolz eines jeden Langsdorfers wäre. Unseren Vorfahren war ihr Gotteshaus lieber gewesen als Komfort im eigenen Hause.

In meiner Kinder- und Jugendzeit waren – daran erinnere ich mich ganz genau – die Emporen noch dicht an dicht besetzt. Aber heute? Von einem blühenden christlichen Gemeindeleben kann man wirklich nicht mehr reden.

Ja, das Glaubensleben der Alten war anders als das unserer heutigen Generation. In guten und schlechten Zeiten war ihnen ihre Kirche »eine feste Burg«. Denn – und davon bin ich überzeugt – niemand kann glauben, der nicht ein »Hörer« des Wortes ist oder sein »Leser«. Die Bibel sagt uns doch auch: »So kommt der Glaube aus der Predigt, das Predigen aber durch das Wort Gottes.« Die Alten wußten um dieses Römerwort und brauchten den Gottesdienst für ihren Alltag; gehörten doch bei ihnen Leben und Gottesdienst zusammen wie Sonntag und Werktag.

1935 war unser Gotteshaus schon einmal von innen renoviert worden. 1963–68 kamen dann die Renovierungsarbeiten an der ganzen Kirche, und seitdem hat das Kircheninnere sein heutiges schönes Kleid. Ich bin nur traurig darüber, daß sie so wenig genutzt wird. »Dou beast joa noach vo geästern! Dou baßt naut mie off däi Welt (Du bist ja noch von gestern! Du paßt nicht mehr auf diese Welt)«, hat mir neulich jemand gesagt, als ich von diesen meinen Sorgen sprach. Er hat ja recht. Ich bin von »gestern«. Aber vielleicht macht man sich gerade dann, wenn man die vergangene Zeit noch richtig miterlebt hat, Sorgen über das, was jetzt passiert. Und wo steuert unsere Welt hin?

*

Im Herbst 1984 gab es wieder eine große Aufregung wie den berühmten Blitz aus heiterem Himmel. Mein Mann kam herein mit den Worten: »Modder, woas eaß bassiert? Mir eaß Blout aus dem Hals komme. (Mutter, was ist bloß mit mir passiert? Mir ist Blut aus dem Hals gekommen.)«

Kaum ausgeredet, passierte es grad wieder. Der schnell herbeigerufene Arzt konnte die Ursache nicht feststellen, ordnete aber sofortige Bettruhe an. Und tatsächlich! Solange mein Mann ruhig lag, hörte das Bluten auf, aber bei jeder Bewegung fing es wieder an zu bluten. Nach einer schlimmen Nacht kam mein Mann am nächsten Morgen zu Dr. B. nach Gießen; auch dieser Arzt konnte nicht herausfinden, woran es lag, und deswegen schickte er meinen Mann weiter in die Klinik Seltersberg. Heinrich mußte noch durch einige Kliniken wandern, bis endlich nach vierzehn Tagen der endgültige Befund vorlag. Durch körperliche Überanstrengung war bei ihm im Stirnbereich eine Ader geplatzt, und die hatte das Bluten verursacht. Nun konnte auch Abhilfe geschaffen werden.

Im Frühherbst 1984 begann die Familie Z. mit dem Bau ihres neuen Hauses. Wieder kamen wir – wie beim ersten Hausbau – in ein ungewöhnlich nasses Jahr. Trotzdem war diesmal alles viel leichter. Die Arbeiten gingen gut voran, und schon 1985 konnten sie einziehen. Ein schönes Haus! So eines wie ich es mir immer gewünscht hatte. Wenn man hinaussieht, bietet sich ein herrliches Panorama. Ich bin ja in meinem Leben nie in den Urlaub gefahren. Aber schöner kann es da auch nicht sein. Leider ist dieses Glück für mich im wahrsten Sinne »überschattet«; denn ich kann nur sehr wenig sehen und noch schlechter gehen.

Die Spargelzucht, die wir dreißig Jahre lang betrieben hatten, stellten wir im Frühjahr 1985 nach der Ernte ein. Es war ein sehr einträgliches Geschäft gewesen, andererseits aber auch eine schwere, mühevolle Arbeit, die nicht jedermanns Sache ist.

Jedermanns Sache ist nach wie vor das Ostereierholen. Nach guter alter Tradition kommen an jedem Osterfest die Kinder der Nachbarn und Verwandten, um sich zwei gefärbte Eier, die »Ostereier«, abzuholen. Was waren wir als Kinder immer glücklich gewesen über dieses Geschenk.

Heute ist Muttertag. Wer seine Mutter noch bei sich hat, weiß das manchmal gar nicht zu schätzen. Jedem kann ich nur raten, sich ab und zu mal eine Stunde Zeit für die Mutter zu nehmen – ganz ohne äußeren Anlaß und ohne Hast. Vielleicht sollte man ihr auch wieder mal ruhig zuhören, wenn sie alte, längst bekannte und deswegen für den Zuhörer vielleicht sogar langweilige Erinnerungen hervorkramt. Für manche Mutter wäre ein solches Rück-Erinnern-Können unter Umständen eine Wiederholung der schönsten Lebensstunden. Aber viele wären schon dankbar, wenn sie wieder einmal eine besinnliche Stunde mit ihren Kindern verbringen könnten.

Jede Mutter wird dann wohl an die Zeit zurückdenken, als sich ihre Kinder noch mit jedem kleinen Weh an ihre Brust flüchteten. Inzwischen sind die Kinder erwachsen, wirken selbstsicher und klug. Dennoch würde es ihr wohltun, wenn sie ab und zu um einen Rat gefragt würde. Sie ist ja inzwischen auch nicht dümmer geworden, und es macht sie traurig, wenn sie heute so gar nicht mehr gebraucht wird. Früher – durch das enge Zusammenleben der verschiedenen Generationen – waren die Alten automatisch mit ihrer Lebenserfahrung Stütze und Ratgeber für die Nachkommen. Dieses Verschenken aus der Summe der Erfahrungen eines Menschenlebens bedeutete für sie die Erfüllung ihres Lebens. Es gab dem alten Menschen früher seine Würde.

Heute überholt die hektisch vorwärtsdrängende technische und geistige Entwicklung oft alle Lebenserfahrung, und statt sicherer Hort für die Kinder und Enkel zu sein, stehen wir selbst nun allzu oft unsicher und verwirrt vor den veränderten Lebensumständen, die wir nicht mehr begreifen können.

Seit dem Juli 1985 kann ich kaum noch laufen. Es bedrückte mich vor allem, daß ich die sonntäglichen Gottesdienste nicht mehr besuchen konnte. So war ich dankbar für die Kassette, auf der ich die Predigt wenigstens zu Hause hören konnte. Obwohl die Verkündigung des Wortes im

Gottesdienst sicherlich das Wichtigste ist, vermisse ich doch zu Hause das Singen und Beten mit der Gemeinde.

Die langen Winterabende, die früher mit Handarbeiten und gemütlichen Plauschen ausgefüllt waren, hat sich heute das Fernsehen gestohlen. Eine Ausnahme aber gibt es – und das sind wir. Wir haben nämlich gar kein Fernsehgerät. Wobei ich mir nicht vorstellen kann, daß wir bis jetzt ganz wichtige Dinge versäumt haben. Zugegeben, auch Schönes und Lehrreiches wird im Programm geboten. Aber schaltet wirklich jeder ab, wenn Dinge kommen, die einen Menschen nur anekeln können?

*

Am 11. Februar wurde unser jüngster Enkel ein Jahr alt. Er ist Opas größter Stolz. Am Sonntag kommt die Familie häufig zu Besuch. Kaum im Zimmer, suchen die Augen des Kleinen schon den Opa, der sein geliebtes Enkelkind dann schnell auf den Schoß nimmt. Sie sprechen nicht viel miteinander – die beiden! Aber ihre vergnügten Gesichter sagen alles. Einer so ruhig, zufrieden und geduldig wie der andere. Mit lächelnder Miene schaut der Kleine seinen Opa an, als wolle er sagen: »Hier bin ich geborgen, du hast mich lieb.« In diesen Momenten vergißt der Opa seine Atemnot und die schmerzenden Beine. Und bei diesem Glück ist es auch nicht so wichtig, daß oft wegen der kleinen Rente finanzielle Sorgen plagen. Glück des Alters – auch heute noch.

Wie sehnsüchtig warten wir diesmal auf den Frühling. Aber er hat's in diesem Jahr überhaupt nicht eilig. Viel zu langsam kommt er ins Land. Denn bleischwer sind die alten Knochen, und die Frühjahrsmüdigkeit scheint überhaupt nicht weichen zu wollen. Trotzdem versuchen wir, uns die gute Laune dadurch nicht vermiesen zu lassen. Frühling muß es ja schließlich doch einmal werden.

Wenn ich auch schlapp und müde bin, laß ich es mir doch nicht nehmen, mal nach dem Garten zu sehen, der zum Glück nicht weit vom Haus entfernt liegt. Im Garten ist es immer schön, auch wenn sich dort noch Schneereste in den Ecken behaupten. Aber die Sonne versucht schon, den kalten Erdboden zu erwärmen.

Mit meiner Gartenarbeit ist heute freilich nicht mehr viel los. Meist muß ich zuschauen, wenn andere die Arbeit tun. Das Ernten und Heimschaffen wird von meinem Mann besorgt. Im Hause gibt es ja dann bis zum Entsaften, Einfrieren und Einwecken noch viel Arbeit. Aber schön ist es doch, wenn man im Herbst, Winter und Frühjahr vor den Regalen im Keller steht und aus der Fülle auswählen kann. Wenn meine Gartengeräte doch nur nicht an den Nagel gehängt würden und sich jemand mit Zeit und Liebe für diese Arbeit fände.

In diesem Zusammenhang muß ich oft über das Wort »Wochenende« nachdenken. Wer wußte schon was in meinen jungen Jahren von einem solchen Wort? Man wünschte sich einen »schönen Sonntag«, aber nicht ein schönes Wochenende. Und der Sonntag fing auch nicht wie heute am Freitag abend an und endete mit dem Sonntagmorgenschlaf bis 12.00 Uhr.

Manchmal höre ich in der Nachbarschaft den Weckruf: »Etz stieh endlich off, sost raum ich de Desch oab. Nooch krisde naut se eässe. (Jetzt steh endlich auf! Sonst räume ich den Tisch ab, und du kriegst nichts zu essen.)« Vom »Heiligen des Feiertages« traut man sich gar nicht mehr zu reden. Da wird man doch nur ausgelacht. Dabei – ist das wirklich so verkehrt? Ich finde, ein in Stille und Besinnung, innerer Ruhe zugebrachter Sonntag bringt uns mehr als ein mit vielen lauten Vergnügen vollgestopftes »Wochenende«. Wobei ich gar nichts gegen Spaß und Vergnügen sagen möchte.

Dabei – sind die Menschen mit all ihrem Fortschritt und Wohlstand wirklich glücklicher als wir es waren? Ich denke, eher das Gegenteil ist der Fall. Lähmende Angst klebt den heutigen Menschen sehr oft an den Fersen und bestimmt ihr Leben.

So hat der arbeitsfreie Samstag nicht nur Gutes gebracht. Ich möchte natürlich nicht aus der Erinnerung heraus unser früheres Leben verschönen. Ihr habt sicher gemerkt, wie hart, schwer und armselig es gewesen ist. Aber ich bin mir ziemlich sicher, daß wir in unserem schlichten, fast armseligen Leben (vergleiche ich es einmal mit heute) glücklicher gewesen sind. Zufriedener auf jeden Fall und geborgen in unserem von Tradition, festen Vorstellungen geprägten Dorfleben.

Am Gründonnerstag wagte ich wieder mal nach langer Zeit den Gang zur Kirche. Ich wollte doch so gerne an der Abendmahlsfeier teilnehmen, aber die Wegstrecke machte mir schon bewußt, wie sehr meine Kräfte schwinden. Beim Hören der Worte »Solches tut zu meinem Gedächtnis« wurde mir eigentlich zum ersten Mal so richtig klar, was es heißt, daß inmitten allen Wandels, aller Vergeßlichkeit der Menschen eine Gemeinde besteht, die sich immer wieder an alles erinnern darf, was Gott gesagt und getan hat. So stehen wir demnach rückblickend wie vorausschauend fest eingefügt in den Gang der Geschichte Gottes.

*

Am 26. April 1986 ereignete sich in Rußland, in dem Ort Tschernobyl in der Ukraine, ein furchterliche Katastrophe. Durch einen technischen Defekt im Atomkraftwerk wurde nicht nur die unmittelbare Umgebung, sondern in weitem Umkreis das Land verseucht, bis nach Finnland hin.

Obwohl jeder weiß, daß auch in unserem Land Atomwaffen gelagert werden, war einem diese Tatsache nie so recht klar gewesen und die Angst davor noch nie so unter die Haut gegangen wie in diesen Tagen.

Angst gibt es ja in mancherlei Form. Aber so schlimm wie das? Wenn wir doch wenigstens daraus lernen wollten, daß der Mensch sich die Erde eben nicht untertan machen kann, wie er es immer denkt und möchte. Bei allem Fortschritt durch Wissenschaft und Technik – der uns in mancherlei Hinsicht zum Segen geworden ist, selbst in unserem kleinen Dorf – bleiben menschliche Leistungen fragwürdig, wenn sie nicht in Einklang mit Gottes Willen stehen, sich ihm sogar entgegenstellen. In Psalm 24,1 heißt es doch: »Die Erde ist des Herrn.« Aber wer von all den Wissenschaftlern denkt noch daran?

Heute ist der 1. Mai, der Tag der Arbeit. Als zusätzlicher Urlaubstag wird er geschätzt. Bei schönem Wetter wird von vielen gerne eine Maiwanderung unternommen. Und an so manchen Maispaziergang erinnere ich mich auch noch gern. Es ist ja auch etwas Schönes, das Blühen und Wachsen in der Natur betrachten zu können. Ein bunter Wiesenblumenstrauß wird mit nach Hause genommen und kommt in der »gout Stobb« auf den Tisch.

Plötzlich aber ist das alles nicht mehr selbstverständlich. »Radioaktiv verseucht« heißt es jetzt bei so vielen Dingen. Die Natur ist plötzlich für uns in manchen Bereichen unberührbar geworden. Für mich ist das schrecklich. Eine schlimme Erfahrung.

Heute feiern wir den Geburtstag unserer Kirche, das Fest der Ausgießung des Heiligen Geistes. So leid es mir tut, ich muß noch einmal jammern und noch einmal sagen, daß meiner Meinung nach etwas schlechter geworden ist. Wenn man überlegt, was die Menschen alles aus den kirchlichen Feiertagen gemacht haben ... Weihnachten ist zu einem romantischen Familienfest mit Glitzer und Glanz und Geschenkrummel geworden. Das Fest der Auferstehung – Ostern – wird einfach als Frühlingsfest abgetan. Aus dem Himmelfahrtstag ist der Vatertag geworden, der oft – ungeachtet seines geistlichen Anlasses – in höchst weltlicher Prügelei endet, und von Pfingsten ist nur wenig mehr als ein Ausflug ins Grüne übriggeblieben. Was aber machen wir, die wir uns Christen nennen, aus diesen Feiertagen? Sind wir ein Vorbild?

*

Am 2. Sonntag im August findet nach alter Tradition die Dorfkirmes statt; natürlich ganz anders als früher. Damals gab es am Samstagabend vor dem Fest die »Versteigerung« der Mädchen und alten Jungfern. Am Sonntag dann, so gegen 16.00 Uhr, zog ein Festzug, angeführt von der Blasmusik, den sogenannten »Kirmesmusikanten«, durch das Dorf. Die jungen Mädchen trugen alle weiße Kleider – ein Bild, das sehr hübsch aussah und immer bestaunt wurde.

Die Kirmes fand früher im Freien statt; worauf man ja heute, nachdem sie jahrelang in der Volkshalle abgehalten wurde, wieder zurückgekommen ist. Die Sitz- und Tanzfläche war zum größten Teil mit Zeltplanen überdacht. Mit der »Polonaise«, einem althergebrachten Tanz, wurde alljährlich nach dem Abendessen das nächtliche Tanzvergnügen eingeleitet.

Der »Frühschoppen« am anderen Morgen war damals Männersache. Jede Frau, die daran teilnahm, hätte sich um ihren guten Ruf gebracht. Am Nachmittag war dann noch einmal Tanz für alle. In meinen jungen Jahren gab es außer der Kirmes kein anderes Dorffest – und entsprechend freute man sich das ganze Jahr auf dieses Fest, feierte es mit größter Begeisterung.

Das Stöbern in meinen Erinnerungen ließ in mir den Wunsch wachwerden, meinen Nachkommen, die in einer volltechnischen Welt leben, zum größten Teil auch schon darin großgeworden sind, das mühevolle Alltagsleben meines Daseins noch einmal so richtig bewußt zu machen.

Der Kohleherd zum Beispiel, der ja wohl auch heute noch jedem ein Begriff ist, war früher die einzige Koch- und Heizstelle in der Küche. Jahraus, jahrein mußte das Feuer angezündet werden, was übrigens bei mir heute noch der Fall ist. Mir würde was fehlen, wenn es anders wäre. Aber das ist nur Gewohnheit, denn natürlich sind die modernen E-Herde viel bequemer.

Unsere Wäsche bügelten wir mit den sogenannten »Bügelplättchen«, die auf der Herdplatte erhitzt wurden und die ich ebenfalls heute noch benutze. Jahrzehntelang habe ich in Lohnarbeit mit ihnen die damals üblichen steifgestärkten Herrenkragen und Vorhemden geplättet. Pro Kragen bekam ich zehn, pro Vorhemd fünfzehn Pfennige.

Weil wir uns den teuren Bohnenkaffee nur an den höchsten Feiertagen leisten konnten, mußten wir uns den Kaffeebohnenersatz selbst herstellen. Je nach Geschmack kamen die Getreidearten – Korn oder Gerste – in einen »Rütteler«, der im Herdfeuerloch über der Flamme fleißig hin und her gerüttelt wurde, bis sich die Körner dunkelbraun gefärbt hatten.

Der »Rütteler« war ein rechteckiges, etwa fünf Zentimeter hohes Blechkästchen, in das die Körner kamen, versehen mit einem Schiebedeckel und einem ungefähr sechzig Zentimeter langen Stiel. Diese Stiellänge war notwendig, um genügend Abstand zum Feuer zu haben.

Das spätere Verfahren im »Kaffeebrenner« war weniger anstrengend, weil dieser runde gußeiserne Topf eingehängt wurde, nachdem die Herdringe weggenommen worden waren. Statt zu schütteln, wurde der sogenannte Kaffee mit einer Drehvorrichtung gebräunt. Sogar im Zweiten Weltkrieg haben wir noch den Kaffeebrenner benutzt.

Das Wasserjoch, das oft blaue Flecken auf meinen Schultern hinterließ, ist wohl heute kaum noch jemandem ein Begriff. Dieses Joch war ein 80 cm langes Holz, das in seiner etwas breiteren Mitte – dem Rücken angepaßt – ausgehöhlt war. An beiden Enden des Jochs hingen Stricke herunter, an die je ein Eimer gehängt wurde. Mit diesen Eimern schleppte man im Frühjahr die Jauche in den Garten. Neben der schweren Arbeit auch noch eine betörend duftende Angelegenheit.

Das kalkhaltige Brunnenwasser wurde zur Wäsche nicht gerne genommen. War dann kein aufgefangenes Regenwasser zur Hand, mußte aus »der Bach« das notwendige Wasser mit dem Joch geholt werden. In diesem Bachwasser wurde Soda aufgelöst und die schmutzige Wäsche dann einen Tag lang in einer Holzbütte eingeweicht, die auf einem dreifüßigen »Wäschbock« stand. Danach wurde die gesamte Wäsche mit der Hand durchgerubbelt. Anschließend kam die Weißwäsche in den Kessel zum Kochen. Am anderen Morgen wurde sie noch einmal durchgewaschen und dann auf die Bleiche gebracht.

Hier mußten die Wäschestücke bei Sonnenschein öfter begossen werden. Dieses Wasserschleppen war auch ziemlich beschwerlich. Wurde der Bleichplatz bei »der Bach« benutzt, war alles nur halb so schlimm. Das Gießwasser hatte man dort zur Hand, und die Wäsche konnte man gleich an Ort und Stelle ausspülen. Auf der sogenannten »Wäschbank« knieten die Frauen und spülten die gebleichte Wäsche in dem klaren Bachwasser aus. Dann kam die Wäsche auf den Trockenplatz. Auch die Buntwäsche wurde zur Wäschbank gebracht und hier bei schönem Wetter ausgewaschen und getrocknet. In den Sommermonaten ging das alles recht gut. Aber weil das Waschen in der scharfen Sodabrühe oft einige aufgeriebene Finger mit sich brachte, mußten die mit Leinenläppchen fest umwickelt werden, damit die Wäsche keine Blutflecke bekam. Die Finger taten so richtig schön weh.

Etwas besser wurde es mit dem hölzernen Waschbrett, dem nach wenigen Jahren das Zinkbrett folgte. Wieder Jahre später kam der »Wäschestampfer« in Mode. Der war besonders hilfreich, wenn im Herbst die vielen Kartoffelsäcke gewaschen werden mußten.

1954 bekam ich dann eine Waschmaschine, eine der schönsten Erfindungen, die ich kenne. Trotz aller beschwerlichen Hausarbeit mußten ja die Frauen noch jeden Tag ins Feld. Zugegeben, es war ein recht armes, mühevolles Arbeitsleben, das wir führten. Aber trotz dürftiger äußerer Bedingungen war unser Leben reich an Freude.

Die heutige »Täglich-Duscherei« unterscheidet sich mehr als deutlich von der früheren Körperwäsche – einmal in der Woche in einer Zinkwanne. Zum täglichen Waschen benutzte man die allgemeine Waschschüssel.

Das Sauerkraut wird heute in Dosen gekauft. Bei uns wurden im Herbst die geputzten Krautköpfe körbeweise von den Frauen in Gemeinschaftsarbeit geschnitten, mit dem nötigen Salz vermengt und in einem hohen, schmalen Holzkübel fest eingestampft. Jahre danach gab es für diese Arbeit den Krauthobel.

Das eingestampfte Kraut mußte im eigenen Saft zur Gärung kommen. Verschlossen wurde das »Krautfaß« mit einem Leinentuch, dem passenden Brettchen und einem Stein zum Beschweren. Das alles wurde jedesmal, wenn Kraut aus dem Faß genommen wurde, gründlich gewaschen und wieder zum Abdecken benutzt.

Das Schlachtefest war ein wirkliches Fest. Heute ist ein Schlachttag so wie er früher war, fast undenkbar. Nachdem das Schwein frühmorgens auf dem Hof geschlachtet, »gebrüht«, geputzt und ausgenommen war, mußte erstmal für das leibliche Wohl gesorgt werden. Danach war das Fleisch auf dem Hof einigermaßen abgekühlt, und man trug die Schweinhälften ins Wohnzimmer. Im Wohnzimmer wurde dann die Sau verarbeitet.

Das Wellfleischessen, zu dem die guten Nachbarn eingeladen wurden, war ein erster Höhepunkt. Hatte der Metzger seine Arbeit beendet, kam die sogenannte Metzelsuppe auf den Tisch. Dieses traditionelle Schlachtessen bestand aus einer hervorragenden Suppe, der Meerrettich mit Backobst und Sauerkraut mit Fleisch und frischer warmer Blutwurst folgten.

Alles das gab es am Schlachtfest in Hülle und Fülle. Jeder konnte essen, soviel er wollte. Sonst ging es sehr viel sparsamer zu.

Zwei Eichenholzbottiche dienten zum Einsalzen des Fleisches. In den einen Bottich kamen die Schinken und Speckseiten, in den anderen die übrigen Fleischteile und die Knochen. Die Kochwurst kam am nächsten Tag in den Rauchfang, während die Rohwurst erst eingehängt wurde, nachdem sie zwei Wochen getrocknet hatte.

Die Kesselbrühe, in der das Fleisch und danach die Wurst gekocht worden waren, wurde als »Wurstsuppe« am nächsten Tag ausgetragen, dazu das Wurstfett, das ein beliebter Brotaufstrich war. Gute Freunde bekamen zusätzlich ein »Fackelwürstchen«.

Bis zum Jahre 1903 wurde alles Getreide in der Scheunentenne mit »Flegeln« ausgedroschen. Anschließend trat die »Fegemühle« in Aktion, die Spreu und Körner voneinander trennte. Das Dreschen des Korns behielt man noch lange bei, und wenn Not am Mann war, mußte ich bei dieser Arbeit schon mal aushelfen.

»Etz werschde wirrer gescholle (Jetzt werde ich gleich wieder ausgeschimpft!)«, war dann mein erster Gedanke. Die alten »Profis« konnten ja nicht verstehen, daß ich den Takt nicht immer halten konnte. Aus dem ausgedroschenen Kornstroh flochten die Männer im Winter im warmen Kuhstall Strohseile, die im Laufe des Jahres zum Einbinden der Getreidegarben und für ähnliche Arbeiten gebraucht wurden.

Ja, und dann die Feldarbeit: das Pflügen, Graben, Rechen, Mähen usw. – das waren nur die Hauptarbeiten. Von den dazwischenliegenden Hackarbeiten habe ich schon berichtet. Dazu kamen aber noch so manche Extra-Arbeiten. So mußten zum Beispiel die beim Fruchthacken übersehenen Disteln und der Hederich in den Furchen säuberlich entfernt werden.

Auch die Kartoffeläcker mußten von überwachsendem Unkraut befreit werden. Eine weitere Arbeit, die heute niemand mehr machen muß, nahm jeden zweiten Tag einige Stunden in Anspruch. Es war das »Dickwurzblätter-und-Mais-Machen«. Meist mußten die schweren »Läste« zum Abholen bis an den Weg geschleppt und anschließend das »geblätterte« Rübenstück gleich nochmal gehackt werden. Das Feld war immer voller Menschen. Ganz klar, daß man dadurch auch einfach mehr Kontakt untereinander und miteinander hatte. Die meisten Leute waren zur Feldarbeit auf Schusters Rappen unterwegs. Kam ein Fuhrwerk des Weges, erbot sich der Bauer häufig ganz spontan nach einem wohlmeinenden Guten-Morgen-Gruß zum Mitnehmen. »Wu willsde dann hie? (Wo willst du denn hin?)«

War der Weg derselbe, hieß es: »Kannst metfoahrn! Steih off! (Kannst mitfahren! Steig auf!)« Abends verband sich diese Freundlichkeit mit dem Zuruf: »Mach Feierowed! Foahr met hoam! (Mach Feierabend! Fahr mit heim!)« Wie dankbar nahm man nach der harten Tagesarbeit dieses Angebot an.

Aber das ist alles Vergangenheit.

Wenn ich nun so auf dieses Jahrhundert zurückblicke – mit seinem rasanten Tempo hat es mich regelrecht überrollt, mich und mein Leben. Es ist, als wäre ein langer Eisenbahnzug an mir vorbeigefahren, und jetzt sehe ich nur noch das Schlußlicht. Und genauso ist mein Leben »vorübergerollt«, und was für ein Schlußlicht werden wir dann haben? Werden wir wie der Apostel Paulus sagen können : Ich hielt am Glauben fest!?

Heute sind die Felder meist menschenleer. Die Unkrautbeseitigung besorgt zum großen Teil die Giftspritze. Auch in unseren Gemüsegärten wird sie oft – für meine Begriffe zu oft – angewendet. Aber von diesem meinem Kummer habe ich ja schon erzählt.

*

Doch noch einmal zurück! Noch in den dreißiger Jahren bewirtschafteten weit über hundert Bauernbetriebe in unserem Dorfe ihre Felder ausschließlich mit Kühen und Pferden. Der Einsatz des Traktors und all der landwirtschaftlichen Geräte trug aber nicht zur Gesundung der Höfe bei, denn heute ist in ganzen Straßenzügen kein Bauernbetrieb mehr zu finden. Nur noch ein Drittel der früheren Betriebe sind noch landwirtschaftliche Betriebe, davon wiederum nur ein Drittel voll erwerbsfähig. Von der früheren Dorfgemeinschaft ist nicht mehr viel erhalten. Man kennt sich häufig nur noch vom Hörensagen. Obwohl den Menschen früher sehr viel mehr körperliche Arbeit abverlangt wurde, blieb ihnen mehr Zeit für gesellige Stunden, waren die Menschen zugänglicher.

Übrigens: Geputzt wurde nur samstags. An Werktagen wurde nur ausgekehrt. Wir hielten es mehr wie die alte Frau, die einmal zu mir sagte: »Paula, merk d'r doas emol: Backe ean Botze kann näit väil notze. (Paula, merk dir das: Backen und Putzen kann nicht viel nutzen.)«

An dem sogenannten modernen Leben habe ich nur einen sehr geringen Anteil. Wobei mich nicht die Gegenstände des Wohlstandes und der Bequemlichkeit ärgern, sondern die Art, wie sie die Menschen verändern.

Schon lange war eine Fahrt in den Steinbruch geplant gewesen, die nun endlich zustande gekommen war. Hier konnte ich wieder mal so recht genießen, was mir so lange versagt war. Nachdem ich alles in Ruhe und aller Gemütlichkeit betrachtet hatte, versteckte ich mich in einem lauschigen Winkel, von dem aus sich ein schönes Blickfeld bot. Hier konnte ich meinen Gedanken nachhängen, und da fiel mir eine Begebenheit ein, die sich einige Tage vorher ereignet hatte. Eine Frau mittleren Alters hatte mir erzählt, daß sie eben einen schon längst fälligen Besuch bei einer alten Oma abgestattet hatte.

»Do gieh aich näit wirrer hie«, meinte sie. »Met dere kann m'r sich joa iwwerhaabt nit innerhaan. Däi waaß naut se verzehn, wäi vo ihrer Kerch ean vo ganz froiher – doaß eaß dere komische Fraa ihr ganz Red. (Da geh ich nicht wieder hin! Mit der kann man sich ja überhaupt nicht unterhalten. Die redet nur von ihrer Kirche und wie es früher einmal war.)«

Ja, das heutige Leben auf dem Lande – das ist nicht mehr die Welt der Alten. Deren Welt ist häufig von der Erinnerung geprägt. Aber ist das so erstaunlich? Ist man dann gleich eine »komische Alte«? Oder können die Erinnerungen, wenn man nur recht auf sie hört, doch zur Bereicherung, an manchen Ecken vielleicht sogar zur Korrektur des modernen Lebens beitragen?

Aus meinen Gedanken schreckte mich ein Schwarm Stare, die wie auf Kommando auf dem frischgemähten Rasen landeten. Kopfnickend liefen sie über den Boden und durchstocherten ihn mit ihren Schnäbeln auf der Suche nach Futter. Blitzschnell, wie sie gekommen waren, verschwanden sie auch wieder, als sich ein Bussard in der Luft zeigte.

Nach einer kurzen Ruhepause ließ wieder allerhand mein Herz höher schlagen. Da war die Vogeltränke, die gern von den Gefiederten aufgesucht wurde. Eine Amsel kam und nahm dort ihr Bad. Auch zwei Türkentäubchen wußten scheinbar Bescheid. Sie pickten eifrig ein paar Kieselsteinchen auf und nahmen vor dem Abflug einen kräftigen Schluck von dem kühlen Naß.

Dann eine Bachstelze! Herrlich anzusehen, wie sie mit

dem langen Schwanz als Balancierstange auf und ab wippte und – vertrieben durch einen Trupp lärmender Haussperlinge – schließlich auf dem Dach des Gartenhauses Platz nahm und ihren Lockruf weit hörbar ins Revier schickte. Zum Schluß konnte ich noch ein Stieglitz-Paar beobachten, das die reifen Distelköpfe entdeckt hatte und geschickt darauf herumturnte, um an den begehrten Samen zu gelangen. Seine Vorliebe für Distelsamen wird diesem Vogel wohl auch den Namen Distelfink eingetragen haben. Muß man nicht Freude habe an so viel Leben, soviel Schönheit in der Natur? Und wenn schon mein kleines Fleckchen Erde hier so wunderbar ist, wie mag Gottes große Welt, die ich leider nicht habe sehen dürfen, wie mag sie erst von atemberaubender Vielfalt und Schönheit sein ...

Nachdem ich ein wenig mühselig die Baumreihen entlang zurückgehe, erinnere ich mich an die vor vielen Jahren geleistete Schwerarbeit. Mehr als vierzig Obstbäume hatte mein Vater gepflanzt, von denen allerdings schon siebzehn der Axt zum Opfer gefallen sind.

Nachdem der Steinbruchbetrieb stillgelegt war, wurden die vorderen Löcher mit weit über fünfhundert Wagen Erde ausgefüllt. Damals gab es weder Hydraulik noch Bulldozer, alles mußte in Handarbeit verrichtet werden. Diese neugewonnene Fläche benutzten wir zum Bepflanzen von knapp dreißig verschiedenen Obstbaumsorten, die wir alle selbst aus Samen vorgezogen und veredelt hatten.

Nach Feierabend hob mein Mann die dazu benötigten Löcher aus. Die Setzarbeit übernahm ich an den folgenden Tagen. Ein alter Langsdorfer, der vorbeikam, fand das ziemlich unsinnig. »Domm Keand«, rief er, »woas bloogst dou dich so? Wer waaß, oab dou noach Äbbil dovo eßt? (Dummes Kind! Was plagst du dich so? Wer weiß, ob du von dem Baum überhaupt noch Äpfel essen wirst!)«

Aber seine Befürchtung hat sich zum Glück nicht bestätigt. Nur mußten freilich schon wieder elf schöne Bäume dem Hausbau weichen. Die hinteren langen Böschungen haben die jungen Leute mit lauter Tannen und anderen Bäumen bepflanzt. Genauso wie bei uns in jungen Jahren fehlt es auch bei ihnen nicht an Kraft und Unternehmungsgeist. Alles finde ich in Ordnung und freue mich darüber.

*

Momentan hat sich buchstäblich über Nacht das Spätsommerwetter umgestellt. Der regenverhangene Septemberhimmel und die morgendliche Kälte stimmen uns ganz trostlos. Tagsüber stundenlanger Regen, der den Menschen aufs Gemüt schlägt. Erste Frostgrade machen sich auch schon bemerkbar. Die Pessimisten sehen schon den Winter vor der Tür.

Doch nach diesen tristen Tagen zeigt sich jetzt das Wetter nochmal von seiner sonnigsten Seite. Eine Farben- und Blütenpracht in den Gärten wie sie schöner nicht sein kann. Die Sonnenblume ragt groß und herrlich wie eine Königin über alle anderen Blumen hinweg. Überall sieht man den Erntesegen in Hülle und Fülle. Wie köstlich schmeckt ein saftiger Apfel, der im Garten frisch vom Baum genossen werden darf.

Hier bei diesem Vespern fällt mir eine Begebenheit aus der Kinderzeit ein, die ich gerne noch erzählen möchte. Bekanntlich war es ja schon immer so, daß Kinder verbotene Dinge am meisten lieben. So war es auch bei uns gewesen. Trotz wiederholter Warnungen der Eltern konnten wir der Versuchung nicht widerstehen. Johannisbeeren waren damals noch eine Rarität. Weil die Früchte, von denen hier die Rede ist, meiner Tante gehörten, nehme ich an, daß ich sogar der Anstifter zu dieser Untat war. Die unreifen, sauren Beeren – wie hatten wir sie genossen – führten dann allerdings zu einem »sauren Aufstoßen«.

Ich war nämlich kaum zu Hause, da wußten meine Eltern auch schon von dem Mundraub, und eine gehörige Tracht

Prügel nahm mir erstmal den Geschmack an weiteren Beeren. Aber nicht genug damit. Am Montagmorgen in der Schule wurden wir vor Beginn des Unterrichts an das Pult des Lehrers zitiert und bekamen den Stock des Lehrers kräftig zu spüren. Das waren allerdings auch meine ersten und letzten Schläge während meiner achtjährigen Schulzeit. Heute würde wohl zum Glück kein Kind mehr Schläge wegen einer solchen Kleinigkeit bekommen.

Anscheinend will der goldene Oktober seinem Namen noch mal so richtig Ehre machen. Ja, ich möchte sagen, daß ich in meinem langen Leben einen so wunderschönen Frühherbst nicht erlebt habe.

Aber der Lauf der Natur läßt sich nicht aufhalten. Schon färbt sich das Laub wieder, und die Natur richtet sich für den Winter.

Heute ist Erntedankfest. Daß unser tägliche Brot keine Selbstverständlichkeit ist, wird wohl nicht von allen bedacht. Aber es heißt nicht ohne Grund: »Was wir sind und haben, kommt o Gott, von Dir.« So hat der »Erntedanktag« auch heute noch seinen Sinn. Er will uns daran erinnern, daß hinter den Erntegaben der Geber steht, der uns beschenkt. Ihm wollen wir dafür danken und seinen Namen preisen.

Bei dem diesjährigen Erntedankfest wurde auch gleich die 100-Jahr-Feier des Obst- und Gartenbauvereins mitgefeiert. Der Festgottesdienst wurde vom Licher Posaunenchor schön gestaltet, und anschließend war auf dem Friedhof eine Kranzniederlegung am Ehrenmal.

Herbstzeit ist Erntezeit. Alles ist nun eingebracht, bis auf die großen Kürbisse, die in dieser Woche auch noch geerntet werden. Feinschmecker haben die Kürbisse wiederentdeckt – eine Gartenfrucht, die in den letzten Jahrzehnten fast in Vergessenheit geraten war. Eine Delikatesse aus Großmutters Kochbuch ist Kürbismarmelade. Auch süßsauer eingelegt ist der Kürbis eine pikante Beilage zu allerlei Fleischgerichten. Aus der dicken, fleischigen Frucht läßt sich aber noch eine Menge anderer Gerichte herstellen. Dazu ist der Kürbis auch noch sehr gesund. Und wer denkt schon an die viele Arbeit, wenn man sieht, wie es der Familie schmeckt?

Auch der reiche Obstsegen ist nun geborgen. Schon wochenlang wurden die Äpfel geerntet und Saft gewonnen. Und wenn man so liest, was den Säften alles beigepanscht wird, dann weiß man den selbst zubereiteten Saft zu schätzen. Beeren-, Trauben- und Apfelwein kann man doch auf dem Lande aus dem eigenen Keller haben – und dann weiß man, was man hat. In diesem Jahr hat die Sonne so reich geschienen, und der Most hat einen besonders guten, aromatischen Geschmack.

Der 1. November mit seinem schönen traditionellen 9-Uhr-Läuten zeigt uns den Winter an. Die Tage werden dunkler, Regenschauer schütteln die kahlen Bäume und Sträucher, und Nebelschwaden ziehen über das Land. Für uns Frauen ist die Außenarbeit beendet – bis auf das Schmücken der Gräber. Wenn wir hier am Volkstrauertag und am Totensonntag der Vorausgegangenen gedenken, sollten wir nicht nur für sie beten, sondern auch für sie leben; indem wir das Gute ihres Erdendaseins fortsetzen und was ihnen als Bewahrenswert galt, schützen und weiterführen. Vor allem den Lebenden Liebe schenken. Dann kann auch der dunkle November voller Licht und voll guter Gedanken sein.

Wenn man acht Jahrzehnte hinter sich hat, sieht man seinen Lebensweg anders. Ich habe gelernt, daß man schwierigen Problemen nicht aus dem Weg gehen darf und daß sie sich alle irgendwie lösen lassen, wenn man in der Gewißheit lebt, hier bist du hingestellt, hier ist dein Platz.

Bestimmt habe ich alle diese Glaubensprüfungen gebraucht, sonst hätte mich Gott mitunter nicht so tief unten durchgeführt. Ich danke ihm, daß er mir immer auch die Kraft zum Durchhalten geschenkt hat.

Wir sollten ein Jahr nicht zu Ende gehen lassen, ohne Einkehr zu halten. Wir haben oft versagt und auch in diesem Jahr viel versäumt. Manches klagt uns an, und wir sollten nicht mit einer Handbewegung darüber hinweggehen. Aber so wenig, wie wir um die Ecke schauen können, so wenig können wir auch die vergangene Zeit noch einmal zurückholen, um von uns begangene Fehler zu korrigieren. Wir können nur bitten, daß uns das, was wir in unserem Leben falsch gemacht, wissend oder unwissend unterlassen haben, vergeben wird.

*

In Windeseile sind die Jahre dahingeflogen. Wie ein Traum, der mitunter zum Alptraum wurde, kommt mir das Zurückliegende vor. Immer hob sich der Vorhang, zeigte neue Dekoration und schloß sich wieder. Alles spielte sich auf derselben Bühne ab, nur die Darsteller wechselten.

Die Schwächen des Alters lassen sich nicht verdrängen. Der Rücken krümmt sich zusehends, als wolle er mit jedem Tag mehr in die Erde hineinwachsen. Das morgendliche Hochrappeln fällt immer schwerer. Die Bitte um Hilfe läßt sich nicht mehr umgehen. Aber ich bin bereit, alles hinzunehmen, wie Gott es fügt, will still die Stunden im Haus genießen, in dem alle Geborgenheit meines einfachen und doch so erfüllten Lebens liegt.

Wie dankbar müssen wir sein für die Zweisamkeit in solch hohem Alter. Viele sind uns schon vorausgegangen. Alle, die auf dem Friedhof liegen, habe ich gekannt. So wollen wir die Tage, die Gott uns noch schenkt, dankbar aus seiner Hand nehmen, bis der Tag kommt, an dem er Feierabend gebietet. Mein einziger Ausgang ist noch der sonntägliche Weg zur Kirche. Hier geht es mir wie unserer altersschwachen Orgel. Beim Singen fehlt die Luft.

Meine schlohweißen Haare sind ein äußeres Zeichen des Alters. Vieles, was mich umgibt, auch die vielen fremden Wörter, kommen mir vor wie eine Fremdsprache. Wörter wie Computer, Roboter, Disco, Video, Astronauten usw. Wie vertraut dagegen sind mir immer noch die alten Begriffe aus meiner Jugendzeit: Liebe, Treue, Ehrlichkeit, Fleiß. Aber glücklicherweise werden die auch heute von vielen verstanden. So auch unsere hessische Muttersprache, die ja schon einmal fast in Vergessenheit zu geraten drohte und deren Wert man inzwischen wieder erkannt hat. Ich bin dankbar dafür.

Endlich konnte ich auch das tun, was ich schon immer hatte tun wollen. Ich freue mich, daß ich an meinem 80. Lebensjahr noch das wiedergeben konnte und durfte, was mein Leben bestimmt hat. Vieles habe ich geschrieben, vieles steht zwischen den Zeilen, und manche Dinge habe ich in meinem Herzen bewahrt. Noch einen guten Rat an euch, meine lieben Kinder und Enkel! Vermengt in euerm Leben immer das Saure mit dem Süßen, das Milde mit dem Scharfen, wie das eine gute Köchin tut, die damit einen besonders guten Geschmack erreichen will. Einigkeit, Zufriedenheit und ein unerschütterliches Gottvertrauen sind die Garanten im Leben, die alles Schwere überwinden helfen. Das ist euch hoffentlich in meinem Bericht klargeworden. Und denkt daran:

Zurückdenken voll Dankbarkeit
an die durchschrittene Lebenszeit,
das Gute, das du erfuhrst, nicht vergessen,
das Leid am schwereren anderer messen;
- das ist Gnade.

Und schaust du nun hin auf dein langes Leben,
auf die vielen Jahre, die Gott dir gegeben,
dann kannst du im Buch der Vergangenheit lesen:
Es ist alles nichts als Gnade gewesen.

*Erzählungen von Ingerose Paust*

## Und traf sie mitten ins Herz

Zwischen den Fronten – die Geschichte einer Familie in Kroatien
160 Seiten. ABCteam-Geschenkband. Fester Einband
Bestell-Nr. 111539

Zwischen alle Fronten gerät der Lehrer Pavlovic mit seiner Familie. Er ist Kroate, seine Frau Jovana Serbin. – Kann so etwas gutgehen?
Die Autorin schildert in diesem Roman die dramatischen Ereignisse der letzten Jahre, die zu Krieg und Zusammenbruch im ehemaligen Jugoslawien führten.

## Ich sage dennoch

Eine historische Erzählung
192 Seiten. ABCteam-Geschenkband. Fester Einband
Bestell-Nr. 111545

»Die Augustusburg, errichtet zwischen 1567 und 1572 von Kurfürst August von Sachsen« – so steht es in den Geschichtsbüchern. Wer aber denkt an die Menschen – einfache Bauern, die zum Frondienst gezwungen wurden, um diesen Bau fertigzustellen?
Ingerose Paus läßt ihre Leser teilhaben am Leben der Menschen in dieser Zeit, läßt sie mit ihnen lachen, weinen, kämpfen, glauben . . .

BRUNNEN VERLAG GIESSEN